Arthur Thömmes



# 33 Ideen Digitale Medien
## Religion

step-by-step erklärt, einfach umgesetzt –
das kann jeder!

Auer

Wir haben uns für die Schreibweise mit dem Sternchen entschieden, damit sich Frauen, Männer und alle Menschen, die sich anders bezeichnen, gleichermaßen angesprochen fühlen. Aus Gründen der besseren Lesbarkeit für die Schüler*innen verwenden wir in den Kopiervorlagen das generische Maskulinum.
Bitte beachten Sie jedoch, dass wir in Fremdtexten anderer Rechtegeber*innen die Schreibweise der Originaltexte belassen mussten.
In diesem Werk sind nach dem MarkenG geschützte Marken und sonstige Kennzeichen für eine bessere Lesbarkeit nicht besonders kenntlich gemacht. Es kann also aus dem Fehlen eines entsprechenden Hinweises nicht geschlossen werden, dass es sich um einen freien Warennamen handelt.


1. Auflage 2020




Autor*innen: Arthur Thömmes
Covergestaltung: annette forsch konzeption und design, Berlin
Umschlagfoto: Foto Schüler: shutterstock, GaudiLab; Fotos Screens: Pixabay
Illustrationen: Stefan Lohr
Satz: tebitron gmbh, Gerlingen
Druck und Bindung: Korrekt Nyomdaipari Kft
ISBN 978-3-403-08452-5
www.auer-verlag.de

Der schulische Religionsunterricht bleibt im Gespräch. Die einen wollen ihn abschaffen, andere halten ihn für wichtig, weil er nicht nur Glaubenswissen, sondern auch das kritische reflektierte Denken vermittelt.
Auch die Erfahrungen der Schüler*innen mit dem Religionsunterricht und ihre persönlichen Einschätzungen sind sehr unterschiedlich: Er kann langweilig oder spannend, ermüdend oder aktivierend, nichtssagend oder informativ, altmodisch oder modern sein. Neben der Persönlichkeit der Religionslehrkraft spielen auch die Rahmenbedingungen, die eingesetzten Unterrichtsmethoden und -medien, die Themen und das Lernarrangement eine wichtige Rolle.

## Zeitgemäßer Religionsunterricht

- Zeitgemäßer Religionsunterricht ist vor allem schüler*innenorientiert und lebensnah. Die Lehrkraft hat dabei die Schüler*innen mit ihren Lebenserfahrungen, ihren Fragen und Antwortversuchen im Blick.
- Zeitgemäßer Religionsunterricht ist kompetenzorientiert (Fach-, Methoden-, Selbst- und Sozialkompetenzen). Im Vordergrund stehen nicht Lernziele, die im Unterricht abgearbeitet werden. Am Ende einer kompetenzorientierten Religionsstunde sollte die Religionslehrkraft sich fragen: Wie gehen meine Schüler*innen aus meinem Religionsunterricht? Wie wurden Kopf (Denken, Wissen), Herz (Emotionen) und Hand (Kreativität) angesprochen? Hat der Religionsunterricht etwas bei den Schüler*innen bewirkt?
- Angesichts der religiösen Vielfalt will der Religionsunterricht dabei unterstützen, die eigene religiöse Identität zu finden. Dabei bietet er die Möglichkeit, über die großen Fragen des Lebens nachzudenken und nach Antworten zu suchen.
- Der Religionsunterricht leistet einen wichtigen Beitrag zur Identitätsfindung und Persönlichkeitsbildung und dazu, Hilfen für ein gutes und gelingendes Leben zu entwickeln.
- Im Religionsunterricht herrscht ein gutes Lernklima, das durch Respekt und Wertschätzung gefördert wird. Religionslehrkräfte unterrichten vor allem Schüler*innen und nicht nur ihr Fach. Dabei gelingt das Lernen besonders gut, wenn vertraute Beziehungen die Grundlage bilden.
- Im Religionsunterricht wird Offenheit und Neugier gefördert und unterstützt. Die Schüler*innen haben die Möglichkeit, nachzufragen und kritisch Stellung zu beziehen. So können sie im Dialog ihren eigenen Standpunkt entwickeln.
- Die Schüler*innen lernen, sich mit Problemstellungen fachbezogen und theoriegeleitet auseinanderzusetzen. Dabei suchen sie in Verstehens- und Reflexionsprozessen eigenständig und kollaborativ nach Antworten und können diese argumentativ begründen. Die thematische Tiefe wird neben der Lebendigkeit und Vielgestaltigkeit des Religionsunterrichts nicht vernachlässigt.
- Die kreative Handlungsorientierung in Form von aussagekräftigen Handlungsprodukten fördert das Lernen im Religionsunterricht und macht viele Themen mit allen Sinnen greifbar.
- Der Lernprozess ist eingebettet in ein spannendes und aktivierendes Lernarrangement mit einem nachvollziehbaren Repertoire an Methoden und Medien, Unterrichtsformen und Materialien, die lernförderlich und schüler*innengemäß eingesetzt werden. Die Methoden und Medien sollten die angestrebten Kompetenzen unterstützen.
- Die Schüler*innen können ihr Lernen selbst organisieren und so Lerninhalte eigenständig und selbstverantwortlich erschließen.

Auf dem Weg zu einem persönlichen Profil als Religionslehrkraft in einem kompetenzorientierten Religionsunterricht will diese unfertige Liste zum Nachdenken anregen und sollte diskutiert und ergänzt werden.

## Religionsunterricht in digitalen Zeiten

Eine aktuelle Studie (im Auftrag der Postbank) ergab, dass sich Jugendliche in Deutschland pro Woche durchschnittlich 58 Stunden im Internet bewegen, an einem Tag ca. 9,7 Stunden. Alltag und Identität sind geprägt durch digitale Medien und Handlungen. Das betrifft vor allem den Bereich der Kommunikation und Information. Jugendliche und bereits viele Kinder bewegen sich in einer digitalisierten Lebenswelt, die geprägt ist von Computerspielen und sozialen Medien, wie Facebook, Instagram, WhatsApp, Spotify und YouTube.

Der digitale Wandel in vielen Lebens- und Arbeitsfeldern hat auch Konsequenzen für das Lehren und Lernen. Die digitale Entwicklung schreitet voran, doch viele Schulen leben noch in der analogen Steinzeit. Schnelle Internetzugänge werden nach und nach verwirklicht und machen so erst ein digitales Arbeiten im Unterricht möglich („Der Geist ist willig, das WLAN ist schwach!").
Und vor allem brauchen unsere Schulen digitale Konzepte, um eine digitale Transformation im Bildungsbereich umsetzen zu können. Dabei reicht es nicht, digitale Geräte und Tools anzuschaffen und einzusetzen, um den Unterricht schüler*innennäher zu gestalten. Kollegien müssen qualifiziert und angeleitet werden, damit zu arbeiten. Auch hier gibt es im Fort- und Weiterbildungsbereich bereits gute Ansätze.

Digitalisierung ist nicht unbedingt besser, sondern zunächst einmal anders. Manchmal sind analoge Methoden schneller und effektiver. Ein schlechter Unterricht wird nicht unbedingt zu einem guten digitalen Unterricht. Wir brauchen didaktisch-methodisch gut aufbereitete Unterrichtsmaterialien.

**„Gutes Werkzeug ist die halbe Arbeit." (Ungarn)**
Im Religionsunterricht können digitale Medien, wenn sie sinnvoll und durchdacht genutzt werden, eine aktivierende Funktion haben und die Schüler*innen in ihrem Lernprozess unterstützen.

Das Lernarrangement bleibt nicht nur auf den Klassenraum beschränkt, sondern ist durch die Möglichkeiten der Digitalität an unterschiedlichen Orten und Zeiten möglich.
Dabei gilt: Das eingesetzte digitale Werkzeug sollte zum Thema, den Jugendlichen und zur Lehrkraft passen. Und diese Lehrkraft sollte vor allem professionell mit ihrem Handwerkszeug umgehen können. Hilfreich ist es, die digitalen Alltagserfahrungen und Kompetenzen der Lernenden in den Unterricht zu integrieren. Aktualität und der Lebensweltbezug werden gefördert und die Handlungsorientierung wird zu einer sinnvollen Vorbereitung auf die Arbeitswelt.
Hier geraten vor allem die von der OECD entwickelten vier Kernkompetenzen des 21. Jahrhunderts in den Blick: Kreativität, Kollaboration, Kommunikation und kritisches Denken. Es sind die Fähigkeiten, die wir Menschen brauchen, um die Herausforderungen der Zukunft gut zu gestalten.

Der Einsatz digitaler Medien im Religionsunterricht sollte immer wieder reflektiert und auf seine Sinnhaftigkeit („Mehrwert") überprüft werden. Dabei kann die Religionslehrkraft sich fragen, ob der Einsatz digitaler Medien den kompetenzorientierten Religionsunterricht (fachlich, methodisch, persönlich, sozial) unterstützt. Auch ein Blick auf das Lernverhalten und die Motivation der Schüler*innen ist hilfreich. Unterstützen die digitalen Medien das Kommunikationsverhalten und machen sie neugierig auf religiöse Themen und Fragen? Fördern sie die Auseinandersetzung mit der eigenen Lebenswelt und unterstützen sie Visionen und Zukunftsperspektiven?

## Aufbau des Bandes

Der vorliegende Band bietet 33 Unterrichtsideen für den Religionsunterricht mit digitalen Medien. Die Ideen sind praxiserprobt und wurden zum Teil erweitert.
Auf einer Doppelseite werden die einzelnen Ideen übersichtlich und verständlich dargestellt. Sie werden jeweils zunächst allgemein beschrieben (Beschreibung) und vertiefend konkretisiert (Ablauf und Methode an einem konkreten Beispiel). Da es sich um Ideen des Verfassers handelt, sollten diese natürlich angepasst und erweitert werden.
Die hier vorgestellten Ideen können grundsätzlich in jeder Schulart eingesetzt werden. Je nach Grad der Komplexität der Methode bieten sich einzelne Ideen nur in höheren Jahrgangsstufen an. Bei jeder Idee findet sich jeweils in der Kopfzeile ein Hinweis, für welche Jahrgangsstufe der vorgestellte Ansatz geeignet erscheint.
Die technischen Voraussetzungen (Benötigte Materialien und technische Voraussetzungen) für die einzelnen Unterrichtsideen sind so einfach wie möglich gehalten: Notwendig sind manchmal nur ein Smartphone oder ein Tablet mit Internetzugang für jede Arbeitsgruppe. Ein PC oder Laptop bietet sich vor allem dann an, wenn ein größerer Bildschirm oder eine richtige Tastatur zum Schreiben längerer Texte hilfreich ist. In den meisten Fällen ist eine in der Regel kostenfreie App bzw. ein Tool notwendig. Der entsprechende Hinweis auf kostenfrei verfügbare Angebote findet sich ebenfalls in der Beschreibung.
Für viele kreative Bild- oder Videomethoden eignen sich die Smartphones der Schüler*innen, die in der Regel über eine gute Grundausstattung verfügen.

Die formulierten Kompetenzen sind knapp gehalten und bieten lediglich einen Anhaltspunkt für die konkrete unterrichtliche Umsetzung.

Zur besseren Orientierung sind die Ideen einzelnen Unterrichtsphasen (z. B. Einstieg, Erarbeitung, Präsentation) zugeordnet. Bei vielen Beispielen handelt es sich um Projektideen, die sich in der konkreten Umsetzung über mehrere Doppelstunden ziehen können.

Unter dem Punkt „Mögliche Fallstricke und Tipps" wird auf potenzielle Probleme hingewiesen, die sich mit den hier gegebenen Tipps leicht vermeiden lassen. Zudem finden sich hier Vorschläge für mögliche Variationen.
Der Hinweis auf die analoge Methode soll zeigen, dass die jeweilige Idee auch ohne digitale Medien umsetzbar ist.
Abschließend bietet jede Unterrichtsidee als Anregung für die eigene Unterrichtsgestaltung Hinweise auf Materialien, auf bestehende Umsetzungsbeispiele, die sich frei zugänglich im World Wide Web finden, auf Unterrichtsvorschläge sowie auf weiterführende Literatur (Materialhinweise, Beispiele und Infoseiten). Hier werden jeweils die Links angegeben, über die QR-Codes können die jeweiligen Seiten direkt aufgerufen werden. Für die Nutzung der QR-Codes wird ein Smartphone oder Tablet mit installierter Barcode-Scan-App (kostenlos erhältlich über Google Play bzw. App Store) benötigt. Die im Band enthaltenen QR-Codes wurden mit der Scan-App i-nigma getestet.

## *Zum Weiterlesen*

- Arthur Thömmes: Digitale Werkzeugkiste. Eine dynamische, wachsende Sammlung mit Tools und Apps für den Unterricht. Praxisnahe Tipps, Tutorials und Beispiele
  Teil 1: *https://padlet.com/ajoth1/lw122tw6u4oh*
  Teil 2: *https://padlet.com/ajoth1/qk5gjl0n6utq*
  Teil 3: *https://padlet.com/ajoth1/h6v0jkfm5nwk*
- Auf der Homepage des Autors finden sich weitere kreative Unterrichtsideen: *www.fundgrube-religionsunterricht.de*

**Zeitschriften**

- Mit digitalen Medien unterrichten, Ethik & Unterricht, Heft 1/2019
- Religionsunterricht und digitale Welt – zeitsprung 2/2019
- RPI Impulse 3/2018 – Digitale Kompetenz vermitteln im Religionsunterricht und der Konfi-Arbeit
- Praxis Gemeindepädagogik 2/29019: Digital
- Zeitschrift Computer + Unterricht Nr. 115/2019: Gamification
- Herausforderung Digitalisierung – Loccumer Pelikan 1/2019

je nach Ansatz 90 Minuten bis hin zu mehrwöchiger Projektarbeit

Erarbeitung / Präsentation

Auseinandersetzung mit der eigenen Identität, Selbstfindung und Selbstdarstellung, Selbst- und Fremdwahrnehmung, Medienkompetenz

## Beschreibung

Selfies (fotografierte Selbstporträts) erfreuen sich vor allem in den sozialen Netzwerken einer großen Beliebtheit. Sie dienen häufig der Selbstdarstellung und öffentlichen Inszenierung. Dabei stellen sich viele Fragen: Wie möchte ich gerne gesehen werden? Was kann ich von mir preisgeben? Was möchte ich mit meinen Selfies ausdrücken? Was sagt das über mich und meine Identität aus? Die Schüler*innen sollen in diesem Fotoprojekt nicht nur ihre goldene Seite darstellen, sondern sich auf die Suche machen nach der wirklichen Identität. Dabei sollen sie bewusst fotografieren, Bilder betrachten und miteinander ins Gespräch kommen, um so sich selbst und den unterschiedlichen Menschenbildern auf die Spur zu kommen.

## Benötigte Materialien und technische Voraussetzungen

- Smartphone mit Internetzugang pro Schüler*in / Zweierteam
- Beamer oder Monitor

## Ablauf und Methode an einem konkreten Beispiel

- Setting: Die Lehrkraft erläutert mithilfe der Internetseite, dass es in der Kunstgeschichte viele bekannte Künstler gab, die von sich Selbstbildnisse anfertigten (Rembrandt malte 80 Selbstporträts in 40 Jahren). Die Schüler*innen unterhalten sich über ihre Eindrücke. Internetseite: *https://www.dw.com/de/das-ich-als-kunstwerk-vom-selbstporträt-zum-selfie/a-18812939* 1
- Der zweite Impuls soll die Thematik noch mehr verdeutlichen: Der niederländische Filmemacher Jeroen Wolf zeigt in seinem Kurzfilm „100" in 2:30 Min. 101 Menschen und damit einen nachdenklichen Blick auf das Älterwerden: *https://www.youtube.com/watch?v=A4QUE1tSIHY* 2
- Im nächsten Schritt begeben sich die Schüler*innen in das soziale Netzwerk Instagram (*https://www.instagram.com*). Auch hier präsentieren die Menschen sich selbst und inszenieren sich in unterschiedlichen Situationen und Orten, allein oder gemeinsam mit anderen Menschen. Die Schüler*innen sichten zunächst die Seiten von bekannten Musiker*innen oder anderen Künstler*innen und versuchen zu erkunden, was hinter den Darstellungen stehen könnte. Dazu geben sie den Fotos einen Titel und diskutieren ihre Wahrnehmungen.
- In einem weiteren Schritt betrachten die Schüler*innen sich selbst und ihre eigenen Darstellungen auf Fotos und in den sozialen Netzwerken. Dazu präsentieren sie beispielhaft ein eigenes Bild und lassen es sprechen („Ich zeige, wie sportlich ich bin."). Die Mitschüler*innen können jeweils dazu einen Satz aus der Sicht des*der Betrachters*Betrachterin formulieren („Du kannst hervorragend Fußball spielen und zeigst das auf diesem Foto. Dabei wirkst du sehr selbstbewusst.").
- Im Mittelpunkt der weiteren Gespräche stehen die Themen „Selbst- und Fremdwahrnehmung" und wie diese zusammenhängen. Es sind sehr persönliche Fragen, die dabei erörtert werden: Wie möchte ich gesehen werden? Welche Wirkung haben meine Selfies auf andere Menschen? Was sagen meine Fotos über meine Persönlichkeit aus?

- Die nächste Unterrichtsphase ist handlungsorientiert angelegt: In einem Fotoprojekt erstellen die Schüler*innen Fotos von sich selbst. Dabei sollen sie vor allem mit Fototechniken und unterschiedlichen Filtern ausprobieren und experimentieren. So machen sich die Schüler*innen auf die Suche nach (kostenlosen) Apps zur Bildbearbeitung und probieren diese aus, um bestimmte Fotoeffekte zu erzeugen (z. B. Retrica, Snapchat, Snapseed).
- Zu Beginn des Fotoprojekts einigen sich die Schüler*innen auf bestimmte Themen, die die eigene Identität und Persönlichkeit ausdrücken sollen (z. B. Ich bin einzigartig, Ich bin Ich, Ich bin ein Original).
- Die Schüler*innen wissen, dass es üblich ist, Fotos aufzupolieren, um die eigene Persönlichkeit noch intensiver darzustellen (z. B. mit Photoshop). Andere verwandeln ihr Foto in ein Gemälde. Kreatives Ausprobieren ist bei diesem Projekt erwünscht!
- Als Präsentation bieten sich viele Möglichkeiten an, z. B. eine Ausstellung mit einer Vernissage oder ein Fotobuch.

## Mögliche Fallstricke und Tipps

Im Mittelpunkt dieses Projektes stehen die Schüler*innen selbst. Daher ist es wichtig, darauf hinzuweisen und zu vereinbaren, dass alle achtsam miteinander umgehen.

## Analoge Alternative

- Die Schüler*innen stöbern in Zeitschriften und sichten Fotos von Menschen. Damit erstellen sie unterschiedliche thematische Collagen.
- Die Schüler*innen bringen eigene Fotos aus ihrem bisherigen Leben mit, auf denen sie allein abgebildet sind.

## Beispiele und Infoseiten

- Selfies. Wer bin ich? Ein Jugendfotoprojekt zum Thema „Identität". AKD: Amt für kirchliche Dienste in der EKBO 2018 (in dieser Arbeitshilfe werden auch theologische Aspekte vertiefend dargestellt, z. B. die Ebenbildlichkeit Gottes): *https://akd-ekbo.de/wp-content/uploads/Handreichung_Selfie-Projekt.pdf* 3
- Anleitung zur App Storrito, mit der sich Instagram-Stories am Computer designen lassen: *https://johannadaher.com/2018/12/07/tag-7-storrito-fuer-instagram-stories-vom-pc-adventoolender-2018/* 4

1

2

3

4

1–2 Doppelstunden

Erarbeitung / Präsentation

Erkennen und Durchschauen von Fake News, Medienkompetenz

## Beschreibung

Nicht alles, was im Internet steht, ist wahr. Es werden auch Lügen und Halbwahrheiten verbreitet. Solche „Fake News" in Nachrichten, Meldungen, Fotos oder Videos verbreiten sich schnell und werden von manchen Menschen unkritisch akzeptiert und weitergeleitet. Die Schüler*innen machen sich auf die Suche nach Fake News. Das Internet kann nicht nur genutzt werden, um Unwahrheiten und Lügen zu verbreiten. Es bietet sich auch an, Fake News zu erkennen und einem Faktencheck zu unterziehen. Die Schüler*innen üben diese Medienkompetenz an einigen Beispielen und mit unterschiedlichen Tools.

## Benötigte Materialien und technische Voraussetzungen

- Smartphone, Tablet, Notebook oder Computer mit Internetzugang pro Kleingruppe
- ggf. Lehrkraftaccount bei Mentimeter (*https://www.mentimeter.com*)

## Ablauf und Methode an einem konkreten Beispiel

- Setting: Die Lehrkraft schreibt an die Tafel: „Du sollst nicht lügen!" Die Schüler*innen sollen kurz formulieren, was ihnen dazu einfällt.
- Im Vorfeld wurde von der Lehrkraft ein Mentimeter mit der Frage „Was fällt dir beim Begriff ‚Fake News' ein?" angelegt. Die Schüler*innen erhalten nun die PIN, um sich einzuloggen. Sie notieren ihre Ideen und betrachten in Ruhe die Ergebnisse.
- Aus dem Brainstorming entwickeln die Schüler*innen Fragen zum Thema, die sie auf *https://unserpad.de* sammeln. Hierzu hat die Lehrkraft im Vorfeld eine Seite angelegt und teilt nun den Link.
- Was sind Fake News? Welche Tricks wenden Fake News-Macher an? Welche Strategien stecken dahinter? Welche Bedeutung haben Algorithmen, Trolle oder Social-Bots? Was richten Fake News an? Wie kann ich Fake News erkennen? Warum verbreiten Menschen bewusst falsche Nachrichten? Welche Konsequenzen hat das für unsere Gesellschaft? Wie war das nochmals mit der Lüge?
- Es werden Gruppen gebildet, die sich jeweils auf eine Frage spezialisieren.
- Im Internet finden sich viele anregende Seiten, die zur Auseinandersetzung mit dem Thema in den Gruppen motivieren und es durchschaubar und erlebbar machen:
  Spiel: *https://getbadnews.de/#intro*
  Check-App: *https://www.neue-wege-des-lernens.de/projekte/fake-news-check/*
  Quiz: *https://www.handysektor.de/artikel/fakt-oder-fake-das-handysektor-fake-news-quiz/* 1
  Spiel: *https://swrfakefinder.de*
- Der Filmbeitrag „Die Tricks von Fake News-Machern durchschauen" bietet einen guten Einstieg für die Erarbeitungsphase:
  *https://www.br.de/mediathek/video/echt-jetzt-die-tricks-der-fake-news-macher-durchschauen-av:5de7dbbff2a895001940260a* 2
- Es ist den Gruppen überlassen, welche Form der Präsentation sie wählen. Sie sollte vor allem informativ und anschaulich sein (z. B. Erklärvideo).
- Zusammenfassend entwerfen die Schüler*innen einen Beitrag für die Schulhomepage, in dem vor allem konkrete Tipps gegeben werden, wie Fake News erkannt werden können (z. B. Autor, Impressum, Adresse, Quellen).

## Mögliche Fallstricke und Tipps

- Am besten lässt sich die Wirkung von Fake News anhand von konkreten Beispielen verdeutlichen.
- Es geht bei dieser Auseinandersetzung neben dem religiös-ethischen Aspekt der Wahrheit bzw. Lüge auch um konkrete Medienbildung. Dabei sollen die Schüler*innen die Strategien der Fake News-Macher (z. B. Vertrauen erschüttern, Spielen mit Ängsten, menschenverachtende Kommentare) durchschauen und für ihre eigene Mediennutzung Konsequenzen ziehen können.
- Es bleibt der Lerngruppe überlassen, ob sie auch das Thema „Soziale Medien" (z. B. Facebook, Twitter, Instagram) in ihre Überlegungen und Recherchen einbezieht. Dabei können vor allem persönliche Erfahrungen die Problematik verdeutlichen.

## Analoge Alternative

- Die Schüler*innen entwerfen als Handlungsprodukt eine Broschüre für die Schulgemeinschaft.
- Die Präsentation wird in Form eines Gruppenpuzzles durchgeführt.

## Materialhinweise und Infoseiten

- Materialien zum Thema „Fake News":
  *https://padlet.com/julia_egbers/bofym74fm0gm* 3
- Fake News im Netz erkennen:
  *https://www.kindermedienland-bw.de/de/startseite/beratung/schwerpunkte/fake-news/fake-news-erkennen* 4
- Materialien für den Unterricht:
  *https://www.klicksafe.de/themen/problematische-inhalte/fake-news/* 5
- Fake News und Faktencheck: 4 Techniken zur Kontextualisierung und ‚Netzbefragung':
  *https://ebildungslabor.de/blog/sift/?utm_campaign=EduMail%20für%20zeitgemäße%20Bildung&utm_medium=email&utm_source=Revue%20newsletter* 6
- Unterrichtsmaterial der Deutschen Gesetzlichen Unfallversicherung:
  *https://www.dguv-lug.de/sekundarstufe-ii/medienkompetenz/fake-news/* 7
- Informationen zum Online-Spiel „Bad News":
  *https://oe1.orf.at/artikel/650628/Impfen-gegen-Falschmeldungen* 8

1 2 3 4

5 6 7 8

# Meine digitale Biografie

Klasse 9–13

45 Minuten

Einstieg

Reflexion der persönlichen digitalen Erfahrungen

## Beschreibung

Die Schüler*innen erzählen ihre persönliche digitale Geschichte und reflektieren dabei ihre positiven und negativen Erfahrungen im Umgang mit den digitalen Geräten, Medien und Tools.

## Benötigte Materialien und technische Voraussetzungen

- Smartphone, Tablet, Notebook oder Computer mit Internetzugang pro Schüler*in
- Scanner-App Scanbot SDK (*https://scanbot.io/de/index.html*) (iOS und Android)

## Ablauf und Methode an einem konkreten Beispiel

- Setting: Die Lehrkraft scannt die folgende Liste mit digitalen Medien mithilfe der Scanner-App Scanbot SDK. Die OCR-Funktion wandelt das eingescannte Bild in Text um, der nun kopiert und in die Zwischenablage abgelegt werden kann.
  Digitales Begriffslexikon:

> Computer, Notebook, Smartphone, Spielekonsole, Controller, Nintendo, PlayStation, Tablet, Headset, TV, Tonbandgerät, Kassettenrekorder, Facebook, Instagram, Twitter, Snapchat, Internet, E-Book, WhatsApp, PDF, Word, MP3-Player, Spotify, Apple, Microsoft, Android, YouTube, Amazon, Ebay, Pinterest, Garage Band, Skype, FaceTime, Doodle, Netflix, Maxdome, Pencil, Scanner, Apps, Software, Windows, WLAN, Bluetooth, USB-Stick, Smart Home, Alexa, Kindle, Fire TV, Amazon Prime, Tamagotchi, DVD, CD, Discman, Taschenrechner, Schallplattenspieler, Account, Virus, Desktop, Commodore 64, Homepage, Laserdrucker, Mailbox, Netzwerk, SAT Receiver, iPhone, Game Boy, Konsole, Videokamera, Schallplatte, Audiokassette, Diaprojektor, Dias, SIM-Karte, SD-Card, Videokassette, Mikrofon, Radio, Verstärker, Lautsprecherboxen, Digitalkamera, Router, HDMI-Kabel, VGA-Kabel, Adapter, Google, E-Mail, SMS, Newsletter, Blog, QR-Code, PowerPoint, Diskette

- Die Wörter werden in den Zufallsgenerator eingefügt:
  *https://www.matheretter.de/rechner/zufallsgenerator* 1
- Nacheinander wird von einzelnen Schüler*innen je ein Begriff zufällig ermittelt. Der*die Schüler*in kann spontan dazu eine kurze Geschichte aus dem eigenen digitalen Leben erzählen.
- Die komplette Sammlung der digitalen Begriffe wird als Wortwolke für alle sichtbar projiziert.
- Die Schüler*innen erhalten die Aufgabe, mindestens zehn Begriffe auszuwählen und daraus eine persönliche digitale Biografie zu formulieren. („Im zarten Alter von einem Jahr eroberte ich bereits die digitale Welt, …").
- Unterschiedliche Fragen können hilfreich bei der Formulierung der persönlichen Digitalgeschichte sein: Welche Medien nutze ich momentan intensiv? Wie denken meine Eltern über meine Mediennutzung? Wie haben die digitalen Medien mich und meine Entwicklung geprägt? Welche Chancen und Möglichkeiten haben sie für mich eröffnet? Wo haben sie mich negativ beeinflusst? Was würde bei einer Woche totaler Digitalabstinenz mit mir passieren? …
- Die fertigen Texte sollen in digitaler Form präsentiert werden. Dabei bieten sich viele unterschiedliche Möglichkeiten an, z. B. ein Podcast oder eine Videobotschaft.

- Eine ansprechende Möglichkeit besteht darin, den Text digital zu verpacken. Dazu eignet sich z. B. ein Kreistext oder eine Herzform. Die Seite festisite (*https://www.festisite.com/text-layout/spiral/*) bietet dazu einige kreative Formate an, die dann digital präsentiert oder ausgedruckt werden können. 2

## Mögliche Fallstricke und Tipps

- Die vorgegebene Liste kann noch ergänzt oder komplett von den Schüler*innen erstellt werden.
- Die Schüler*innen bringen alte Geräte zur Anschauung mit in den Unterricht. Manche Schulen verfügen noch über alte 16mm-Filmprojektoren oder Tonbandgeräte.
- Es ist sinnvoll, die Schüler*innen zu einer kritischen Medienbetrachtung anzuregen, wobei sich vielleicht sogar gute Impulse für den digitalen Unterricht ergeben.

## Analoge Alternative

- Die Schüler*innen schreiben einen fiktiven Brief an sich selbst. Dabei sind nicht sie selbst die Verfasser*innen, sondern eines der digitalen Geräte oder Tools („Ich bin dein geliebtes Facebook, das dich Tag und Nacht begleitet …").
- Die Schüler*innen entwickeln einen Zeitstrahl und datieren darauf die unterschiedlichen digitalen Geräte und Medien.

## Materialhinweis

Tool zur Erstellung von Zeitleisten:
*http://timeline.knightlab.com* 3

1 2 3

mehrwöchige Projektarbeit

Einstieg, Erarbeitung und Präsentation

Informieren über das Thema „Cybermobbing", das eigene Handeln reflektieren

## Beschreibung

Die Goldene Regel aus der Bibel veränderte sich im Laufe der Jahrhunderte und muss den Gegebenheiten angepasst werden. Das Thema „Cybermobbing" bietet viele Anhaltspunkte, um über die biblische Weisheit nachzudenken.

## Benötigte Materialien und technische Voraussetzungen

- Smartphone, Tablet, Notebook oder Computer mit Internetzugang pro Kleingruppe
- Bild, auf dem eine Person zu sehen ist, die sich in Facebook einloggt, mit Bildimpuls „Was du nicht willst, das man dir tut, das füg doch einfach andern zu!"

## Ablauf und Methode an einem konkreten Beispiel

- Setting: Als Einstieg erhalten die Schüler*innen den Bildimpuls. Sie erarbeiten im Gespräch, dass der Satz nicht stimmt, sondern das Gegenteil der ursprünglichen Aussage ist. Diese stammt aus der Bergpredigt in der Bibel und lautet: „Behandelt die Menschen stets so, wie ihr von ihnen behandelt werden möchtet." (Mt 7,12) Diese Goldene Regel wurde als Redewendung umformuliert in „Was du nicht willst, das man dir tut, das füg auch keinem andern zu!"
- Was hat diese biblische Aussage mit dem Bild im Hintergrund zu tun? Die Schüler*innen erkennen, dass es darum geht, dass Beleidigungen oder falsche Nachrichten in sozialen Netzwerken verbreitet werden. Es geht um Cybermobbing.
- Alternativ können sich die Schüler*innen zum Einstieg in das Thema den Film „Netzangriff" anschauen, in dem das Thema „Cybermobbing" in einem Spielfilm thematisiert wird: *https://www.youtube.com/watch?v=3mdgneP5iwE* 1
- Es werden Arbeitsgruppen gebildet, die sich Informationen zum Thema erarbeiten. Folgende Fragen können bei der Recherche hilfreich sein: Was ist Cybermobbing? Wie ist die rechtliche Situation? Wie können sich Betroffene wehren? Wo kann ich Belästigungen in sozialen Netzwerken melden? Was kann die Schule gegen Cybermobbing tun? Wo finde ich Informationen? Wer kann mich beraten? Welche Tipps gibt es für Betroffene?
- Als Einstiegsseite bietet sich vor allem die folgende Seite an, auf der sich die Schüler*innen über das Thema fundiert informieren können: *https://www.klicksafe.de/themen/kommunizieren/cyber-mobbing/* 2
- Als Handlungsprodukt soll am Ende der Recherche ein Flyer oder ein Plakat stehen. Jede Gruppe entscheidet über ihr Format. Mit dem kostenlosen Flyer-Gestalter Canva (*https://www.canva.com/de_de/erstellen/flyer/*) können durch die Vielzahl der Vorlagen ansprechende Handlungsprodukte gestaltet werden. 3
- Die Ergebnisse werden auf der Schulhomepage (oder der Homepage der Lehrkraft) präsentiert. Für den Zugang erhalten die Schüler*innen einen QR-Code (*https://www.qrcode-monkey.com*). Die einzelnen QR-Codes können auch in Form einer Ausstellung anderen Klassen zugänglich gemacht werden. Alternativ werden die Handlungsprodukte ausgedruckt präsentiert.

## Mögliche Fallstricke und Tipps

- Ein möglicher Einstieg in das Thema: Die Schüler*innen nennen Beispiele von Beschimpfungen im Netz („Dich braucht niemand!", „Du bist eine Schlampe!", ...). Dazu stellen sie zunächst einen Stuhl in die Mitte, der beschimpft werden soll. In der zweiten Runde setzt sich eine freiwillige Person in die Mitte, die ebenfalls beschimpft wird. Die Schüler*innen werden dabei wahrscheinlich zurückhaltender sein. Ähnliches geschieht im Netz. Es ist ein Unterschied, ob die Person vor mir steht oder ob sie unsichtbar im Netz beschimpft wird.
- Die Schüler*innen stellen in kurzen Erklärvideos Cybermobbing-Situationen vor.
- Die Schüler*innen führen in der Schule eine Cybermobbing-Umfrage durch. Zum Erstellen einer solchen Umfrage eignet sich z. B. die App Edkimo (*https://edkimo.com/de/*).

## Analoge Alternative

- Sehr hilfreich und informativ ist ein Gespräch mit Betroffenen oder einem*einer Referenten*-Referentin einer Beratungsstelle.
- Zum Thema „Cybermobbing" bietet Klicksafe (*https://www.klicksafe.de/bestellung/*) kostenlose Informationsmaterialien.

## Beispiele und Infoseiten

- Filmreihe zum Thema „Cybermobbing": 4
  *https://www.planet-schule.de/wissenspool/cybermobbing/inhalt/sendungen/cybermobbing-was-tun.html*
- Kurze, von Jugendlichen produzierte Videos zum Thema:
  *https://www.youtube.com/channel/UCMRoAEj9H2cPA4ib7GWuQJg/videos* 5
- Kurzes Erklärvideo zur Frage „Wie entsteht Hass im Netz?": 6
  *https://www.youtube.com/watch?v=GyMuIGaFSLA*
- Cybermobbing Erste-Hilfe-App mit konkreten Verhaltenstipps und Hintergrundinformationen zu Links und Beratungsstellen:
  *https://www.klicksafe.de/service/aktuelles/klicksafe-apps/* 7
- Was hilft gegen Cybermobbing? Methoden für die Präventionsarbeit: 8
  *https://www.rpi-loccum.de/material/pelikan/pel1-13/sek1_buskotte*

1 2 3 4

5 6 7 8

Doppelstunde

Erarbeitung / Präsentation

Entscheidungen treffen und begründen

## Beschreibung

Die Schüler*innen setzen sich mit Gedankenexperimenten der Philosophie auseinander, indem sie durch unterschiedliche Beispiele zum Nachdenken und zu begründeten Entscheidungen angeregt werden.

## Benötigte Materialien und technische Voraussetzungen

- Smartphone, Tablet, Notebook oder Computer mit Internetzugang pro Kleingruppe
- Beamer

## Ablauf und Methode an einem konkreten Beispiel

- Setting: Die Lehrkraft schreibt an die Tafel unkommentiert „Entscheide dich!" und zeigt den Schüler*innen den Kurzfilm „Straßenbahn": *https://www.youtube.com/watch?v=MhOJp1DcabM* 1
  Es geht in dem Film um eine Entscheidungssituation: Fünf Menschen sterben lassen oder einen Menschen töten? Oder soll ein dicker Mann auf die Schienen gestoßen werden, um alle zu retten? Die Schüler*innen geben persönliche Rückmeldungen. Es wird nicht diskutiert.
- Die Lehrkraft erarbeitet das Thema in einem Unterrichtsgespräch. In der dargestellten Situation geht es um eine Zwangslage, in der man sich zwischen zwei Situationen entscheiden muss, die beide zu unerwünschten Ergebnissen führen („Dilemma"). Im konkreten Beispiel stehen sich zwei Moraltheorien gegenüber: Utilitarismus und Pflichtethik. Die Lehrkraft erläutert die Zusammenhänge. Hilfreich ist dabei die Seite *https://www.srf.ch/kultur/gesellschaft-religion/filosofix/darf-man-opfern-um-zu-retten-gedankenexperiment-strassenbahn*. 2
- In der folgenden Erarbeitungsphase werden einzelne Gruppen mit unterschiedlichen Gedankenexperimenten konfrontiert. Dazu bietet die Seite des SRF einzelne Kurzfilme (Schiff des Theseus, Gehirn im Tank, Teekanne, Schleier des Nichtwissens etc.) sowie verschiedene Arbeitsmaterialien und didaktisch-methodische Anregungen, die die Lehrkraft evtl. auswählen und einsetzen kann: *https://www.srf.ch/sendungen/myschool/filosofix-1* 3
- Die einzelnen Gruppen setzen sich mit den unterschiedlichen Beispielen und den entsprechenden Fragen auseinander und präsentieren die Ergebnisse ihrer Überlegungen in Form eines kurzen Videos (ca. zwei Minuten). Darin stellen sie das Beispiel, die Fragestellung bzw. das Problem dar und fassen ihre Diskussion kurz zusammen. Am Ende sollte eine Frage stehen, die an die Klasse gestellt wird.
- Die Kurzfilme werden mit der Smartphone-Kamera aufgenommen und in einem von der Lehrkraft bereitgestellten Padlet (*https://padlet.com*) präsentiert.
- Die Schüler*innen können alle Präsentationen nochmals in Ruhe zu Hause anschauen und haben die Möglichkeit, sich mit der vorgegebenen Fragestellung auseinanderzusetzen. Hier kann die Folgestunde ansetzen.

## Mögliche Fallstricke und Tipps

- Die Gedankenexperimente haben z. T. ein hohes Anspruchsniveau. Entsprechend brauchen manche Lerngruppen inhaltliche Unterstützung durch die Lehrkraft.
- Die Lehrkraft hilft den einzelnen Gruppen beim Upload der Filme auf die Padlet-Plattform.
- Um sich in das Thema „Dilemma" hineinzudenken, entwickeln die Schüler*innen zunächst eigene Beispiele aus ihrem Lebensbereich.

## Analoge Alternative

Die Beispiele sind auf der Seite des SRF als Arbeitsblatt verfügbar. Sie werden im Klassenraum ausgelegt. Zu den einzelnen Themen und Fragestellungen werden Arbeitsgruppen gebildet.

## Beispiele und Infoseiten

- Unterschiedliche Dilemmata: 4
  *https://www.watson.ch/wissen/auto/507461010-diese-7-moralischen-dilemmata-werden-dein-hirn-martern-und-dein-gewissen*
- Konkretes Beispiel zum Thema „Moralisches Dilemma": 5
  *http://moralmachine.mit.edu/hl/de*
- Ergebnisse der Studie des Massachusetts Institute of Technology (MIT) zur Moral Machine: 6
  *https://www.dw.com/de/moral-machine-kann-ein-selbstfahrendes-auto-ethisch-handeln/a-46045294*
- Kurze kommentierte Einführung in die Moral Machine: 7
  *https://www.youtube.com/watch?v=mUnL7crKqk4*

1 2 3 4

5 6 7

mehrwöchige Projektarbeit

Projekt, Erarbeitung und Präsentation

Orte und Personen des Glaubens erleben und erkunden

## Beschreibung

Die Schüler*innen erkunden zunächst virtuell und persönlich Orte und Menschen des Glaubens, um dann mit den Ergebnissen eine Schnitzeljagd zu erstellen. Jede Gruppe wird zu sogenannten Verstecker*innen und Sucher*innen. Mithilfe von QR-Codes werden die Gruppen von Station zu Station geleitet und müssen dort Aufgaben erfüllen oder erhalten Informationen.

## Benötigte Materialien und technische Voraussetzungen

- Smartphone mit Internetzugang pro Kleingruppe für unterwegs
- Internetzugang zu Recherchezwecken
- App zum Lesen und Erstellen von QR-Codes, z. B. *http://goqr.me/de* oder *https://www.qrcode-monkey.com/de*
- vorinstallierte E-Book-App Book Creator (*https://bookcreator.com*)

## Ablauf und Methode an einem konkreten Beispiel

- Setting: Die Schüler*innen unterhalten sich zunächst über den Ablauf einer klassischen Schnitzeljagd und sammeln gemeinsam Ideen für die Umsetzung der virtuellen Schnitzeljagd.
- Die Lehrkraft erläutert die Projektidee: Die Schüler*innen sollen in einer Schnitzeljagd, die in Kleingruppen vorbereitet wird, Orte und Personen des Glaubens erleben.
- Vorbereitung: Die Schüler*innen teilen sich in vier bzw. sechs Kleingruppen auf.
- Die Kleingruppen sammeln Ideen: Welche Orte in unserer Gemeinde sagen etwas über den Glauben aus? Welche Personen können uns von sich und ihrem Glauben erzählen?
- Ideen: Kirchen, Kloster, Friedhof, Kreuz, Kapelle, Marienstatue, Gedenkstätte, Krankenhauskapelle, Gemälde, Pfarrer*in, Küster*in, Ordensschwester etc.
- Die Gruppen erstellen einen Plan mit ca. zehn Stationen. Sie informieren sich über die Orte und Personen, um anschließend die Aufgaben zu entwickeln, die die Gruppen lösen sollen.
- Mögliche Aufgaben: Löse das folgende Rätsel, indem du die Kirche erkundest. Fertige eine Zeichnung des Kreuzes mit den besonderen Merkmalen an. Mache ein Foto des Gemäldes. Bitte die Ordensschwester, dir ihren Lebensweg zu schildern, und mache dir dabei Stichpunkte.
- Damit die Gruppen von einer zur anderen Station der Schnitzeljagd gelangen können, wird vor Ort ein QR-Code gut sichtbar hinterlegt (z. B. in einer Klarsichtfolie).
- Die einzelnen Kleingruppen tauschen ihre erarbeiteten Projekte untereinander aus, sodass jede Gruppe eine Schnitzeljagd durchführt, die von einer anderen Lerngruppe erarbeitet wurde.
- Die Schüler*innen erstellen eine digitale Landkarte ihrer Schnitzeljagd (Kartenausschnitt fotografieren und Punkte markieren) und dokumentieren ihre Erfahrungen mit Fotos, Videos oder Audioaufnahmen. Die Ergebnisse übertragen sie in ein E-Book (Book Creator), das für alle Schüler*innen zugänglich ist. Hierfür muss sich die Lehrkraft im Voraus registrieren. Die Schüler*innen bekommen einen Anmelde-Code und fertigen dann ein Buch im Account der Lehrkraft an.
- Die Ergebnisse der Schnitzeljagd werden vorgestellt und nach vorgegebenen Kriterien benotet (Fach-, Methoden-, Sozialkompetenz).
- Die Dokumentationen können in einer virtuellen Ausstellung auch für die gesamte Schulgemeinschaft zugänglich gemacht werden.

## Mögliche Fallstricke und Tipps

- Die Schnitzeljagd muss gut vorbereitet sein, damit die Suchenden sich nicht auf falsche Wege begeben.
- Mit Personen, die besucht werden, sollten vorher genaue Termine vereinbart werden.
- Bei Fotos von Einzelpersonen oder Gruppen muss vorher das Einverständnis eingeholt werden.
- Es ist sinnvoll, dass die Gruppe, die die Schnitzeljagd erstellt, alle Orte und Personen vorher in einem Probelauf erkundet, um so auch einen Zeitplan anzufertigen.
- Die Planungen sollten mit der Lehrkraft abgesprochen werden. Sie kann auch evtl. die Kontakte herstellen.
- Da sich die Schüler*innen bei der Durchführung der Schnitzeljagd außerhalb der Schule aufhalten, sollte das „Lernen am anderen Ort" frühzeitig mit der Schulleitung abgesprochen werden.
- Mit Actionbound (*https://de.actionbound.com*) oder Placity (*http://placity.de*) lassen sich multimediale Erlebnistouren planen und durchführen („Bound"). Die interaktive Schnitzeljagd eignet sich gut zur spielerischen Vermittlung von Lerninhalten. Beide sind kostenlos und können auf PC und mobilen Geräten mit iOS und Android genutzt werden.
- Mithilfe von QR-Codes lassen sich einfache und auch komplexe Spiele erfinden, indem auf Audio-, Text-, Video- oder Bilddateien verwiesen wird.

## Analoge Alternative

Die einzelnen Gruppen erhalten unterschiedliche Fotos von Orten und Personen. Sie begeben sich auf die Suche, um dabei Daten und Informationen zu sammeln.
Die Schnitzeljagd wird als Schatzsuche inszeniert, bei der Rätsel vor Ort gelöst werden müssen, die weitere Hinweise enthalten.

## Beispiele und Infoseiten

- Praxisorientierte Einführung für die Arbeit mit Actionbound: *https://www.wstaib.de/content/mat/6_Digitalsierung_in_RU_und_Ethik.pdf* 1
- Praxisorientierte Informationen zum Thema „QR-Code-Rallye": *https://www.medienpaedagogik-praxis.de/2012/12/12/qr-code-rallye"/* 2
- QR-Code-Rallye: *https://sonnigeeinsichten.jimdo.com/2018/11/25/das-geheimnis-der-qr-codes-eine-rallye/* 3
- T@p-App des Erzbistum Köln, mit der man eigene interaktive Touren gestalten kann: *https://www.erzbistum-koeln.de/seelsorge_und_glaube/ehe_und_familie/familie_und_kinder/ausstellungen_aktionen/tap_erlebnis/* 4
- Mit dem Chatbot durch die Kirche: *https://www.evangelisch.de/inhalte/159098/21-08-2019/mit-dem-chatbot-durch-die-kirche* 5

1 2 3 4 5

mehrstündige Projektarbeit

Projekt, Erarbeitung und Präsentation

Erschließung biblischer Texte mit den grafischen Möglichkeiten einer Wortwolke

## Beschreibung

Wortwolken sind Grafiken, die mit ihrer Anordnung und Gestaltung Texte visualisieren und so neue Zugänge zum Verständnis schaffen. Entsprechend sind Bibelclouds Grafiken, die mit den Schlüsselbegriffen die Aussage eines Bibeltextes auf den Punkt bringen. Die Wörter erscheinen entsprechend der Häufigkeit im Text in unterschiedlicher Größe und verschiedenen Farben. Die Aufgabe besteht darin, die wesentlichen Begriffe aus einem biblischen Text herauszuarbeiten und diese in Form einer Wortwolke darzustellen. Die Bibelclouds werden in einem Galeriegang präsentiert und erläutert.

## Benötigte Materialien und technische Voraussetzungen

- Computer, Notebook, Tablet oder Smartphone mit Internetzugang pro Kleingruppe
- Drucker
- Bibelapp „Die Bibel – Einheitsübersetzung 2016" bzw. Bibleserver (*https://www.bibleserver.com*)
- für Tablet oder Smartphone: vorinstallierte App zum Erstellen von Wortwolken, z. B. WordCloud (Android) oder Shapego (iOS)

## Ablauf und Methode an einem konkreten Beispiel

- Setting: Die Lehrkraft stellt zunächst eine Wortwolke und hier speziell die Methode Bibelcloud vor und gibt anschauliche Erläuterungen. Dazu werden unterschiedliche Word-Clouds vorgestellt (z. B. entworfen bei *https://www.wortwolken.com, http://www.wordle.net, http://www.tagxedo.com, https://www.abcya.com/games/word_clouds, https://wordart.com*). Farbe, Schriftart und Layout können in der Darstellung geändert werden. Verschiedene Tools bieten auch die Möglichkeit, die Wortwolke in unterschiedliche Formen zu integrieren (z. B. Fußspuren, Tiere, Herz, Wolke).
- Die Schüler*innen diskutieren die Frage: Wie können wir mit der Methode neue Zugänge zu biblischen Texten ermöglichen?
- Es folgt eine persönliche Recherchephase, in der jede*r Schüler*in die Möglichkeit hat, in der Bibel zu blättern und nach einem Text zu suchen, der für ihn*sie eine Bedeutung hat. Es werden kleine Arbeitsgruppen gebildet. Die Gruppen einigen sich auf einen Bibeltext, den sie gemeinsam bearbeiten und visualisieren wollen.
- Dazu werden zunächst die wichtigen Schlüsselbegriffe aus dem Text herausgearbeitet und besprochen.
- Diese Begriffe sollen die wesentliche Aussage des Bibeltextes wiedergeben und gleichzeitig zum Entdecken einladen. Denn jeder einzelne Begriff hat seine Bedeutung. Die Anzahl der Wörter kann vorher gemeinsam festgelegt werden.
- Die Gruppen entscheiden sich nun für ein bestimmtes Tool, mit dessen Hilfe sie die Wortwolke erstellen wollen. Dabei experimentieren sie mit dem Layout (z. B. Textgröße und -farbe), um den Text möglichst interessant und anschaulich zu visualisieren.
- In der Endgestaltung erhält die Bibelcloud einen aussagekräftigen Titel und die Angabe der Bibelstelle.
- Die fertigen Wortwolken werden ausgedruckt und evtl. laminiert. Alle Bibelclouds werden in Form eines Galeriegangs präsentiert. Dazu werden neue Gruppen gebildet, in denen sich jeweils nur ein

Mitglied der Arbeitsgruppe befindet. Die Gruppen wechseln nach einer vorgegebenen Zeit von einer Wortwolke zur anderen. Die Teilnehmer*innen lassen sich von den Begriffen inspirieren und tauschen sich über den Inhalt aus. Am Schluss wird der Originalbibeltext vorgelesen.
- Am Ende des Projektes werden die Wortwolken in einem Buch zusammengefasst. Dies kann auch in Form eines E-Books (z. B. mit Book Creator) geschehen.

## Mögliche Fallstricke und Tipps

- Die Wortwolken lassen sich je nach Lerngruppe sehr differenziert gestalten.
- Da es sich hier vor allem um eine kreative Erkundung biblischer Texte handelt, sollten die vertiefenden Einblicke in bibeltheologische Hintergründe nicht aus dem Blick geraten.
- Der Bibeltext kann als QR-Code zur Verfügung gestellt werden.
- Es besteht natürlich auch die Möglichkeit eines freien Erkundens der Ausstellung, wobei am Ende in einem Klassengespräch die Erfahrungen ausgetauscht werden.
- Die Schüler*innen erstellen ein Kartenset mit Bibelclouds.

## Analoge Alternative

Bibelclouds lassen sich sehr schön auch analog mit Buntstiften herstellen. Dazu werden die wichtigen Begriffe im Bibeltext ausgewählt und in der Wortwolke mit verschiedenen Farben und in unterschiedlicher Größe dargestellt.

## Beispiele und Infoseiten

- Methodische Anregungen, Anwendungsmöglichkeiten und Materialien:
  - Bücher von Martin Wolters, z. B. „Bibelclouds. Die Bibel anders sehen" oder „Bibelclouds für Konfis"
  - Internetseite von Martin Wolters:
    *https://www.bibelclouds.de* 1
- Erklärvideo zur Bibelcloud-Methode:
  *https://www.youtube.com/watch?time_continue=6&v=Mz0UvImACtY* 2
- Möglichkeiten der Methode Bibelcloud:
  *https://thomas-ebinger.de/2014/11/bibelclouds-eine-coole-methode-nicht-nur-fuer-konfis/* 3
- Schritt-für-Schritt-Anleitung mit anschaulichen Beispielen zum Erstellen einer Wortwolke:
  *https://johannadaher.com/2018/12/10/tag-10-wortwolken-als-design-option-und-analyse-tool-adventoolender-2018/* 4

1 2 3 4

ca. 2 Doppelstunden

Einstieg

Sammeln von Informationen auf einer digitalen Pinnwand

## Beschreibung

Zum Einstieg in das Thema „Gottesbilder" recherchieren die Schüler*innen im Internet. Sie sammeln die Ergebnisse ihrer Suche auf einer digitalen Pinnwand, zu der alle einen Zugang haben.

## Benötigte Materialien und technische Voraussetzungen

- Computer, Notebook, Tablet oder Smartphone mit Internetzugang pro Kleingruppe
- ggf. Bücher und Zeitschriften
- Registrierung der Lehrkraft bei Padlet (*https://padlet.com*)

## Ablauf und Methode an einem konkreten Beispiel

- Setting: Die Lehrkraft stellt das Thema vor: „Wer ist Gott?". Da die Beantwortung der Frage nicht einfach zu sein scheint, besteht die Aufgabe der Schüler*innen zunächst darin, nach unterschiedlichen Antwortversuchen zu recherchieren. Dazu sollen sie das Internet durchstöbern sowie Bücher und Zeitschriften, die die Lehrkraft zur Verfügung stellt.
- Die Schüler*innen werden vielfältige Formen finden (Texte, Links, Videos, Bilder, Musik). Es wird eine umfangreiche Sammlung entstehen, die eine gute und überschaubare Struktur braucht. Dazu eignet sich die digitale Pinnwand Padlet. Darin können Informationen und unterschiedliche Medien aus verschiedenen Quellen zusammengestellt werden.
- Die Lehrkraft legt ein Padlet an mit dem Titel „Wer ist Gott?". Dazu wählt sie ein passendes Layout (z. B. Wand, Leinwand, Stream, Raster). Für die geplante strukturierte Sammelphase ist ein Regal mit einer beliebigen Anzahl an Spalten sinnvoll. Jede Spalte kann mit einem Thema gekennzeichnet und anschließend mit Medien gefüllt werden (+). Die Schüler*innen erhalten einen Zugang durch den festgelegten Link und brauchen keinerlei personenbezogene Daten preiszugeben.
- Nach einer gemeinsamen Testphase werden Arbeitsgruppen gebildet, die mit der Recherche beginnen und das Padlet „Wer ist Gott?" befüllen.
- Das fertige Padlet dient als Grundlage für die thematische Weiterarbeit, wobei immer wieder auf bestehende Beiträge zurückgegriffen werden kann.

## Mögliche Fallstricke und Tipps

- Ein Padlet eignet sich hervorragend zum Sammeln von Ideen und Inhalten. Da es nicht an einen Ort gebunden ist, können die Schüler*innen es jederzeit und überall mit Inhalten füttern. Das ist mit allen Geräten und Betriebssystemen möglich. Der Zugang kann von mehreren Geräten gleichzeitig erfolgen. Somit ist auch ein kollaboratives Arbeiten möglich. Sehr sinnvoll kann die Kommentarfunktion sein, wobei aber eine Einführung notwendig ist.
- Hintergrund, Farben und Schriftart können ausgewählt werden.
- Eine wichtige Funktion im Padlet bietet der Datenschutz. Hier kann man festlegen, ob die Nutzung privat, passwortgeschützt, geheim oder öffentlich sein soll. Im Unterricht ist die Funktion „privat" sinnvoll, bei der jeder, der den Link oder den QR-Code hat, auf das Padlet zugreifen kann.

- Auch die Zugriffe können festgelegt werden (lesen, schreiben, moderieren, administrieren). Sinnvoll ist die erweiterte Funktion „Moderation“, wobei die Lehrkraft die Veröffentlichung des Beitrags genehmigen muss.
- Der Aufbau einer Materialsammlung für den Religionsunterricht kann hilfreich sein beim Lernen und Vertiefen von Themen (z. B. als Vorbereitung für eine schriftliche Leistungsüberprüfung).
- Die Schüler*innen können auch eigene Padlets anlegen, um ihr Lernen zu strukturieren. Dazu ist allerdings eine Registrierung notwendig.

## Analoge Alternative

Die klassische analoge Pinnwand ist immer noch eine gute Möglichkeit zum Sammeln von Ideen und Informationen. Sie hat gegenüber dem digitalen Format den Vorteil, dass sie im Klassenraum immer sichtbar ist.

## Beispiele und Infoseiten

- Materialbibliotheken für den Religionsunterricht:
  - Jäger und Sammler: *https://padlet.com/ajoth1/iryguexm48zr* 1
  - Themen für den Religionsunterricht: *https://padlet.com/ajoth1/txaqaketi30i* 2
- Einführung in die Grundfunktionen eines Padlets: *https://ivi-education.de/video/digitale-pinnwand-padlet/* 3
- Padlet – das digitale Einsteigertool für Lehrkräfte: *https://damianduchamps.wordpress.com/2016/09/04/padlet-das-digitale-einsteigertool-fuer-lehrer/* 4
- Padlet im Unterricht: *https://www.youtube.com/watch?v=swpUbDS7cWA* 5

1 2 3 4 5

Doppelstunde

Einstieg, Erarbeitung und Präsentation

Einstieg in ein Thema durch visuelle Impulse

## Beschreibung

Die Schüler*innen gestalten ein Pecha Kucha zu Gottesbildern als motivierender Einstieg in das Thema. Dabei handelt es sich um ein Vortragsformat, das seinen Ursprung in Asien hat. Die Präsentation besteht aus 20 Bildern, die jeweils für 20 Sekunden eingeblendet werden. Ein Text wird nicht eingesetzt. Der*die Vortragende kommentiert die Bilder. Der Vortrag sollte möglichst anregend und kurzweilig gestaltet werden. Dabei soll nicht die Bildershow im Vordergrund stehen, sondern die inhaltliche Kommentierung. Das kann z. B. eine These oder Frage sein, wozu das Bild anregt. Die Schüler*innen lernen bei dieser Methode, sich kurz zu fassen und sich auf die wesentlichen Aussagen zu konzentrieren.

## Benötigte Materialien und technische Voraussetzungen

Smartphone, Tablet, Notebook oder Computer mit Internetzugang pro Kleingruppe

## Ablauf und Methode an einem konkreten Beispiel

- Setting: Die Lehrkraft erläutert zunächst die Methode Pecha Kucha und stellt das Thema vor, das mithilfe von Pecha Kucha veranschaulicht werden soll. Es lautet Gottesbilder.
- Es werden Arbeitsgruppen gebildet, die zunächst einen Arbeitsplan entwickeln. So wäre es z. B. möglich, bei Wikipedia oder Pixabay das Stichwort „Gott" einzugeben. Es erscheint eine Vielzahl an Bildern und Symbolen. Die Schüler*innen betrachten die Vorschläge und einigen sich auf 20 Bilder, die sie für das Pecha Kucha nutzen wollen. Zu jedem Foto sammeln sie Impulse und notieren sich diese. Dabei versuchen sie, diese in Sätzen zu formulieren.
- Eine alternative Planungsphase könnte so aussehen, dass die Schüler*innen zunächst einen Vortrag in 20 Teilaspekte gliedern und anschließend die passenden Bilder suchen. Dabei könnte ein Teilaspekt auch durch mehrere Bilder verdeutlicht werden.
- Bei der technischen Umsetzung bietet sich zunächst PowerPoint an. Dazu werden 20 Folien geöffnet und die Bilder eingefügt. Der automatische Wechsel der Folien wird auf 20 Sekunden eingestellt (Übergänge → Anzeigedauer: 20 Sekunden → Häkchen bei „per Mausklick" entfernen und bei „Nach" setzen).
- Anschließend wird der komplette Pecha Kucha-Vortrag geübt.
- Die Gruppen präsentieren ihre Arbeitsergebnisse und bieten so viele unterhaltsame und anregende Informationen.

## Mögliche Fallstricke und Tipps

- Pecha Kucha eignet sich gut als Einstieg in ein Thema, kann aber auch zur Vertiefung und Wiederholung eingesetzt werden.
- Als Alternative zu einem Vortrag könnten die Schüler*innen die Bilder als Impulse nutzen. Dabei kann jede*r zu jedem Bild etwas sagen.

- Das Fach Religion bietet viele kontroverse Themenstellungen für einen Pecha Kucha-Vortrag (z. B. Darum muss Gott existieren! Religion ist etwas für Menschen, die ihr Leben nicht im Griff haben! Warum der Glaube wichtig ist? Das Leben hat einen Sinn!).
- Karikaturen könnten dem Kurzvortrag eine besondere Note verleihen und das Thema problematisieren.
- Auch kurze Videosequenzen könnten Bestandteil der Bildauswahl sein.
- Beim freien Vortrag kann ein Timer, der auf 20 Sekunden eingestellt ist, für den*die Vortragende*n hilfreich sein.
- Die Schüler*innen machen eigene Fotos, die sie für den Vortrag nutzen.
- Eine interessante Idee wäre, in der Schule einen Pecha Kucha-Wettbewerb zu organisieren, bei dem die Teilnehmenden einen Vortrag zu einem Lieblingsthema halten können.

## Analoge Alternative

Die Schüler*innen bringen Zeitschriften mit. Sie durchsuchen diese nach Bildern, die zum Thema und zu ihrem Pecha Kucha-Vortrag passen. Die Bilder werden ausgeschnitten und auf weiße Blätter geklebt. Beim Vortrag werden die Bilder hochgehalten, sodass sie für alle sichtbar sind.

## Beispiele und Infoseiten

- Informative Einführung „So geht Pecha Kucha“:
  *https://www.youtube.com/watch?v=oFyaVQpcDXo* 1
- Beispiel Pecha Kucha zum Thema „Longboards“:
  *https://www.youtube.com/watch?v=ZT0hJXdYtP8* 2
- Weitere Beispiele auf der Seite der „Pecha Kucha Night“ in Köln und Berlin:
  *https://www.pechakucha.de* 3

1

2

3

2 Doppelstunden

Wiederholung / Sicherung

soziale und kommunikative Kompetenz, problemlösendes Denken

## Beschreibung

Bei einem ReliBreakout steht eine mit Schlössern verschlossene Schatzkiste im Mittelpunkt. Die Kiste muss innerhalb einer vorgegebenen Zeit geöffnet werden. Dazu müssen die Schüler*innen die Zahlenkombinationen mithilfe von digitalen Aufgaben, Rätseln und Hinweisen finden.

## Benötigte Materialien und technische Voraussetzungen

- Smartphone mit Internetzugang pro Zweierteam / Kleingruppe
- Schatzkiste, Kette, Schlösser

## Ablauf und Methode an einem konkreten Beispiel

- Setting: Es werden zwei Arbeitsgruppen gebildet, die jeweils eine Schatzkiste mit zehn Schlössern zur Verfügung haben. Es gilt zunächst, für die andere Gruppe insgesamt zehn Aufgaben zu entwickeln, die als Ergebnis jeweils einen Zahlencode ergeben. Das Besondere an der Reli-Schatzkiste ist, dass sich die Zahlenkombinationen aus Angaben von Bibelstellen ergeben sollen.
- Um die Lösungsgruppe in ihre Aufgabe einzuführen, sollte ein spannender Einstieg (z. B. Brief, Video- oder Audiobotschaft) gewählt werden.
- Hilfreich bei der Erstellung ist dabei eine Bibel. Die Schüler*innen nutzen die digitale Version (*https://www.bibleserver.com*) der Einheitsübersetzung.
- Bei der Erstellung der Aufgaben und Rätsel werden digitale Szenarien inszeniert, wobei die Aufgaben in einem QR-Code (*www.qrcode-monkey.com*) zusammengefasst werden: Kreuzworträtsel, Suchsel, Rätsel, Puzzle, Lückentexte (*www.learningapps.org*), Audiorätsel, Pantomime-Video, Rechercheaufgaben usw.
- Beispiel: Ein QR-Code mit dem folgenden Text wird erstellt: „Suche zwei Bibelstellen mit der Aussage ‚Du sollst deinen Nächsten lieben wie dich selbst!'. Addiere die Zahlen der Bibelstellen und du erhältst den Code für ein Schloss." Die Lösung lautet: Lk 10,27 + Mt 22,39; Code = 1027 + 2239 = 3266.
- In der Lösungsrunde ist die ganze Gruppe gefragt. Die begrenzte Zeit verlangt eine gute Strategie zur Lösung der Aufgaben. So könnten auch Einzelarbeit oder die Arbeit zu zweit sinnvoll sein.
- Die Rätsellösungen ergeben jeweils eine Zahlenkombination, mit der dann eines der Schlösser geöffnet werden kann. Wenn alle Schlösser geöffnet sind, kann auch die Truhe geöffnet werden, in der eine Überraschung wartet.
- In der abschließenden Reflexion werden die Aufgaben und Lösungen besprochen. Auch die Teamarbeit wird kritisch in den Blick genommen.

## Mögliche Fallstricke und Tipps

- Die erstellten Materialien können in anderen Klassen wiederverwendet werden.
- Was liegt in der Schatztruhe? Bei deren Inhalt ist die Fantasie der Erstellungsgruppe gefragt. Er sollte möglichst überraschend und originell sein.

- Die einmal angeschafften Schatztruhen und Schlösser können immer wieder verwendet werden. So erscheint es sinnvoll, dass die Fachkonferenz eine Grundausstattung über den Schuletat besorgt.
- Neben den bekannten Zahlenschlössern gibt es auch Buchstabenschlösser, die die Aufgabenmöglichkeiten erweitern.

## Analoge Alternative

Escape Rooms erfreuen sich großer Beliebtheit. Dabei werden die Teilnehmer*innen in einen Raum eingesperrt. Mithilfe einer Rahmengeschichte und Rätseln müssen Aufgaben gelöst werden, um den Raum verlassen zu können. Hinweis: Die Schüler*innen werden bei dieser analogen Version natürlich nicht wirklich eingesperrt!

## Beispiele und Infoseiten

- Umfangreiches Padlet zum Thema „EduBreakout“: *https://padlet.com/klassenkrempel/i5u1xe1mnju6* 1
- Tutorial zur Erstellung von digitalen Schlössern mit LearningApps: *https://www.youtube.com/watch?v=jSq7-V-w9e8&feature=youtu.be* 2
- Einstieg mit vielen konkreten Beispielen und Rätselideen: *https://drive.google.com/file/d/0B_njk6N652BFUXJzRUtmOEJ4SGc/view* 3
- Escape Game zur Bibel: *https://thomas-ebinger.de/2019/04/escape-game-zur-bibel/* 4
- Hilfreiche Anregungen zum Thema „Breakout im Unterricht“ (Ausrüstung kaufen, Rätsel entwickeln, Breakout durchführen): *https://bankhoferedu.com/2019/02/07/breakouts-im-unterricht/* 5

1 2 3 4 5

Doppelstunde

Erarbeitung / Präsentation

Wissensvermittlung durch Hören

## Beschreibung

Um religiöses und theologisches Fachwissen zu vermitteln, sind Podcasts ein interessantes digitales Medium. Als Podcast bezeichnet man im Internet bereitgestellte Audio-, aber auch Videosendungen, die abonniert werden können. Sie sind meist kostenlos. Der größte Vorteil gegenüber Radiosendungen besteht darin, dass sie jederzeit und überall angehört bzw. angesehen werden können. Dazu können sie z. B. auf das Smartphone heruntergeladen werden. Die Schüler*innen lernen dabei, neben den vielfältigen visuellen Impulsen (z. B. über YouTube), sich auf das Hören von Informationen zu konzentrieren.

## Benötigte Materialien und technische Voraussetzungen

Smartphone, Tablet, Notebook oder Computer mit Internetzugang pro Schüler*in, Zweierteam oder Kleingruppe

## Ablauf und Methode an einem konkreten Beispiel

- Setting: Die Schüler*innen erhalten die Aufgabe, auf unterschiedlichen Portalen nach religiösen, theologischen und kirchlichen Themen zu recherchieren:
  - SWR2 oder Podcast SWR2 Glauben (*https://www.radio.de/p/swr2glauben*)
  - BR Podcast (*https://www.br.de/mediathek/podcast/*) oder BR radioWissen (*https://www.br.de/radio/bayern2/sendungen/radiowissen/index.html*)
  - Deutschlandfunk: „Aus Religion und Gesellschaft" (*https://www.deutschlandfunk.de/aus-religion-und-gesellschaft.777.de.html*)
  - Hessischer Rundfunk HR2
  - Funkkolleg Religion Macht Politik (*https://www.hr-inforadio.de/podcast/funkkolleg-religion-macht-politik/index.html*)
  - SRF Blickpunkt Religion (*https://www.srf.ch/sendungen/blickpunkt-religion*)
  - WDR Kirche in 1LIVE (*https://www1.wdr.de/mediathek/audio/kirche-in-einslive-102.html*)
  - Podcastportal (*https://www.podcast.de/kategorie/Religion/*)
  - Domradio
  - Kindersendung: „Was glaubst du denn?" Das Funkkolleg für Kinder im Trialog der Kulturen (*https://www.kinderfunkkolleg-trialog.de/themen/gemeinsamkeiten/*)
- Die Ergebnisse werden in einem Padlet (*https://padlet.com*) präsentiert, das die Lehrkraft anlegt. Die Schüler*innen erhalten den Link mit dem Passwort, um ihre Ergebnisse präsentieren zu können. Dabei wird die digitale Pinnwand immer wieder durch Hinweise auf Podcasts aktualisiert (z. B. bei aktuellen Unterrichtsthemen).

## Mögliche Fallstricke und Tipps

- Der Vorteil beim persönlichen Anhören eines Podcasts ist, dass er gestoppt oder auch vor- bzw. zurückgesetzt werden kann. Bei Unklarheiten können so bestimmte Sequenzen immer wieder angehört werden.

- Viele Radiosender stellen eigene Apps zur Verfügung, auf denen die Programme live angehört werden können.
- Die Schüler*innen entwickeln ein eigenes Podcast-Angebot, wobei immer wieder aktuelle Themen des Religionsunterrichts präsentiert werden.
- Zur Produktion eigener Apps wird für iOS und Android eine Vielzahl an kostenlosen Apps angeboten (z. B. Ferrite, Record Studio, WaveEditor, Diktiergerät, Overcast). Eine Testphase lohnt sich.

## Analoge Alternative

Die klassische Form des Podcastings ist das Vorlesen von Texten. Auch das kann im Rahmen des Religionsunterrichts immer wieder geübt und verbessert werden.

## Beispiele und Infoseiten

- Hilfreiche Anleitung zur Podcast-Produktion: 1
  *https://www.goethe.de/de/spr/mag/20950312.html*
- Projekt von Journalisten, das sich im Bereich der Popmusik auf die Spurensuche nach ethischen und religiösen Themen macht: 2
  *https://www.heavenonair.de*
- Reihe „Gottes Bilder – Warum wir glauben“ (SWR2 Wissen); Beispiel zum Thema „Naturwissenschaft und Religion“: 3
  *https://www.swr.de/swr2/programm/sendungen/wissen/-/id=660374/nid=660374/did=2268208/115vit3/index.html*
- Kirche in 1LIVE: 4
  *https://www1.wdr.de/mediathek/audio/1live/1live-kirche-in-1live/*
- „kannste glauben“-Podcast des Bistums Münster: 5
  *https://fttfzm.podcaster.de*
- Theo.Logik: 6
  *https://www.br.de/radio/bayern2/sendungen/theologik/theologik108.html*
- Podcasts für den Unterricht – wir gestalten sie: 7
  *https://medienkompetenz-in-mv.de/medienkompass/angebot/62/zusatzmaterial.html*

1 2 3 4

5 6 7

mehrwöchige Projektarbeit

Erarbeitung und Präsentation

die Zehn Gebote mithilfe unterschiedlicher medialer Zugänge erkunden

## Beschreibung

Die Schüler*innen unternehmen eine multimediale Entdeckungsreise, um sich so in Literatur, Film, Kunst und Musik unterschiedliche Zugänge zu den Zehn Geboten der Bibel zu erarbeiten.

## Benötigte Materialien und technische Voraussetzungen

- Smartphone, Tablet, Notebook oder Computer mit Internetzugang pro Schüler*in, Zweierteam oder Kleingruppe
- ggf. Kopfhörer

## Ablauf und Methode an einem konkreten Beispiel

- Setting: Als theatralisch gestalteter musikalischer Einstieg in das Thema eignet sich der Song „Die 10 Gebote" von E Nomine, der z. B. auf YouTube zu finden ist. Die Schüler*innen sammeln in einem Brainstorming Eindrücke und Erfahrungen zu diesem Thema.
- Die Lehrkraft stellt das Projekt vor, bei dem die Schüler*innen aus unterschiedlichen Perspektiven die Zehn Gebote und ihre Bedeutung für die Menschen und die Gesellschaft betrachten.
- Als Werkzeug legt die Lehrkraft ein Padlet (*https://padlet.com*) mit dem Titel „Die Zehn Gebote" mit den unterschiedlichen Arbeitsbereichen an. Dabei werden zum besseren Einstieg bereits verschiedene Beispiele genannt. Den genauen Arbeitsauftrag formulieren die Schüler*innen gemeinsam (z. B. „Welche neuen Zugänge und Sichtweisen zu den Zehn Geboten vermittelt die Musik?").
  - Mögliche Arbeitsbereiche: 1. Musik – 2. Malerei – 3. Spielfilme – 4. Literatur (Versuche, die Zehn Gebote neu zu formulieren in unserer Sprache und unter Berücksichtigung unserer Lebensumstände) – 5. Bibelübersetzungen (Einheitsübersetzung, Gute Nachricht, Volxbibel, Lutherbibel etc.) – 6. Zehn Gebote in unterschiedlichen Arbeits- und Lebensbereichen (Zehn Gebote der Pfadfinder, Zehn Gebote der Indianer, Zehn Gebote des 21. Jahrhunderts, ...) usw.
- Als Präsentation bietet sich eine multimediale Galerie an, bei der mit QR-Codes gearbeitet wird. Sie vermitteln einen Zugang zu den einzelnen Medien und den erarbeiteten Erkenntnissen der jeweiligen Arbeitsgruppen. Die Schüler*innen benötigen ihr Smartphone und Kopfhörer für die Erkundung der digitalen Ausstellung.

## Mögliche Fallstricke und Tipps

Die Projektarbeit sollte gut strukturiert sein (Aufgabenstellung, Kompetenzen, Methoden, Arbeitsschritte, Aufgabenverteilung, Präsentation).

## Analoge Alternative

Die Schüler*innen gestalten zu jedem Gebot eine Collage, in der sie versuchen, die Bedeutung für unsere Zeit und unser Leben herauszuarbeiten.

## Beispiele und Infoseiten

- Ein Erklärvideo zu den Zehn Geboten:
  *https://www.youtube.com/watch?v=pEdhETSf8fk* 1
- Musik: Die Toten Hosen: „Die Zehn Gebote“:
  *https://www.youtube.com/watch?v=rdb4F0E1ffo* 2
- Malerei:
  - Lucas Cranach d. Ä.: „Die Zehn Gebote“:
    *http://abcphil.phil-splitter.com/html/10gebote.html* 3
  - Udo Lindenberg: „Mensch sein“:
    *https://www.udo-lindenberg.de/die_zehn_gebote.59671.htm* 4
  - Marc Chagall: „Moses erhält die Gesetzestafeln“:
    *http://www.gaebler.info/kunst/nizza/11.htm* 5
- Spielfilm:
  *https://www.youtube.com/watch?v=ONnGJzq6teM* 6

1 2 3 4

5 6

mehrwöchige Projektarbeit

Erarbeitung und Präsentation

Geschichten erfinden und visualisieren

## Beschreibung

Das Erzählen von Geschichten spielt im Christentum eine große Rolle. Die Bibel ist eine umfangreiche Fundgrube mit Geschichten über Gott, die Welt und die Menschen. Und auch unser ganzes Leben besteht aus vielen Geschichten, die wir uns immer wieder erzählen. Im digitalen Zeitalter können Kinder und Jugendliche wieder einen ganz neuen Zugang zum Geschichtenerzählen erhalten. Die Schüler*innen sammeln zunächst Schlüsselbegriffe des Lebens, um aus ihnen dann Geschichten zu erfinden, die sie visualisieren und mit Texten versehen. Die einzelnen digitalen Bild-Text-Karten werden als ganze Geschichte zusammengefügt und in einer Ausstellung präsentiert.

## Benötigte Materialien und technische Voraussetzungen

- Smartphone oder Tablet und ggf. Kamera pro Kleingruppe
- Apps zum Bearbeiten der digitalen Karten, z. B. Phonto, Fontmania, Canva, Typorama

## Ablauf und Methode an einem konkreten Beispiel

- Setting: Die Lehrkraft führt zunächst in das Thema „Geschichten erzählen" ein. Dabei berichten die Schüler*innen von ihren Lieblingsgeschichten und was sie dabei besonders beeindruckt hat. Die Klasse unterhält sich anschließend über Bilderbücher und deren besondere Bedeutung beim Geschichtenerzählen. Das Leben besteht aus unzähligen Geschichten, die sich die Menschen immer wieder gegenseitig erzählen. Und dabei geht es um das Leben und die Frage nach dem Sinn. Es sind die existenziellen Themen, die die Menschen besonders berühren, wobei die Geschichten eine Möglichkeit bieten, Antworten und Problemlösungen zu finden.
- Die Schüler*innen sammeln zunächst Stichworte, die bei der Frage nach dem Sinn bedeutsam sind (z.B. Tod, Glück, Zukunft, Liebe, Einsamkeit, Beziehung). Dazu nutzt die Lehrkraft das interaktive Tool Mentimeter (*www.mentimeter.com*), um dort eine Frage anzulegen: „Welche Begriffe fallen euch ein, wenn es um das Leben und die Frage nach dem Sinn geht?" Die Schüler*innen können ihre Einträge unter *www.menti.com* (der Zugangscode wird von der Lehrkraft erstellt) vornehmen, die dann live als bunte Wortwolke präsentiert wird. Das Ergebnis ist die Grundlage für die Weiterarbeit.
- Es werden Arbeitsgruppen gebildet, deren Aufgabe darin besteht, zunächst ca. zehn Begriffe auszuwählen, mit denen sie eine kurze Sinngeschichte erfinden (z. B. „Die Geschichte von der Glückssuche" oder „Der kleine Junge und der Tod").
- Nachdem die Geschichte aufgeschrieben wurde, ist der nächste Schritt das Erstellen digitaler Bild-Text-Karten. Dazu können unterschiedliche Apps und Tools genutzt werden, mit denen es möglich ist, Text auf Fotos mit vielfältigen Hintergründen, Schriften und Logos zu gestalten. Dabei können eigene Texte eingegeben und komfortabel in Szene gesetzt werden.
- Die Schüler*innen können dabei auf lizenzfreie Bildsammlungen zurückgreifen oder eigene Fotos nutzen.
- Die so gestalteten Bild-Text-Karten werden am Schluss in einem E-Book (Book Creator, Steller) oder in einer Präsentations-App (PowerPoint, Keynote) zusammengefasst und vorgestellt.

## Mögliche Fallstricke und Tipps

- Variante: Die Schüler*innen schreiben moderne Fassungen biblischer Geschichten.
- Die Schüler*innen üben gemeinsam die Handhabung der Apps, um so die eigene Kreativität einbringen zu können.
- Die Schüler*innen achten bei Fotoaufnahmen auf die Datenschutzrichtlinien. Eine einfache Erklärung zum „Recht am eigenen Bild" (§22,23 KUG) kann aufklären: *https://www.youtube.com/watch?v=edOKq9H2FXc* 1

## Analoge Alternative

- Die Fotos werden ausgedruckt oder entwickelt und in einer Fotoausstellung präsentiert.
- Die Bilder werden gemalt und zu einem Bilderbuch zusammengefügt.

## Beispiele und Infoseiten

- Anleitung zur Herstellung von schönen Designs mit Canva: 2
  *https://johannadaher.com/2018/12/05/tag-5-mit-canva-schnell-schoene-designs-erstellen-adventoolender-2018/*
- Erstellung von digitalen Fotoalben mit Steller: 3
  *https://johannadaher.com/2018/12/06/tag-6-steller-fuer-fotoalben-mit-story-adventoolender-2018/*
- Erläuterungen und Seiten mit Fotosammlungen zum Thema „Bilder für Schulprojekte finden": 4
  *https://www.arminhanisch.de/2018/10/bilder-finden/*

1 2 3 4

mehrwöchige Projektarbeit

Projekt, Erarbeitung und Präsentation

Lebensfragen visualisieren

## Beschreibung

Im Religionsunterricht geht es um die wichtigen Fragen des Lebens: Wo komme ich her? Wo gehe ich hin? Was kommt nach dem Tod? Welchen Sinn hat mein Leben? Religionen bieten Antwortmöglichkeiten und somit Hilfen für ein gutes und gelingendes Leben. Doch nicht alle Fragen können befriedigend beantwortet werden. Hier setzt das Projekt „Sinnsucher*innen" an. Die Schüler*innen stellen sich einer ausgesuchten Frage, die sie kurz und kompakt in Form eines Erklärvideos beantworten. Die Kurzfilme sind eine anregende und kreative Möglichkeit, einen Sachverhalt knapp und verständlich zu präsentieren. Durch das Zusammenspiel von Text, Bild und Ton ergibt sich ein hoher Lerneffekt in kürzester Zeit.

## Benötigte Materialien und technische Voraussetzungen

- Smartphone, Tablet oder Kamera pro Kleingruppe
- ggf. Apps zum Erstellen der Erklärvideos, z. B. Apple Keynote oder Explain Everything

## Ablauf und Methode an einem konkreten Beispiel

- Setting: Die Lehrkraft gibt zunächst eine Einführung in das Thema „Fragen und deren Bedeutung für unser Leben": „Alle Religionen beschäftigen sich mit den wichtigen Fragen des Lebens. Sie geben den Menschen Hilfen, um diese Fragen zu beantworten. Wenn ihr an euer Leben denkt, welche Fragen fallen euch dazu ein?" Die Schüler*innen sammeln solche existenziellen Fragen. Dabei ist es wichtig, die Auswahl zu reduzieren und zu filtern.
- Es werden Arbeitsgruppen gebildet, die sich zunächst eine Frage aussuchen, mit der sie sich auseinandersetzen wollen.
- Textkonzept: Ein Sachverhalt oder eine Fragestellung (z. B. Was ist Gerechtigkeit?) wird zunächst thematisch erarbeitet. Das Ergebnis wird in einer verständlichen Formulierung in einem kurzen Text aufgeschrieben.
- Die Schüler*innen sammeln in einem Storyboard Visualisierungsideen für den Text: Welche Bilder oder Symbole drücken den Text am besten aus?
- Tools zur Videoproduktion:
  - mysimpleshow (*https://www.mysimpleshow.com/de*): In kurzer Zeit erstellt das Tool auf Grundlage der vorgegebenen Texte ein Video, wobei Bilder vorgeschlagen werden. Auch die Strukturierung des Textes übernimmt die Software. Für den Bildungsbereich ist mysimpleshow kostenlos. Lediglich die Lehrkraft muss sich anmelden.
  - Renderforest (*https://www.renderforest.com/de/*): In der kostenlosen Version des Online-Tools können bereits kurze Videos bis drei Minuten Länge erstellt werden.
  - PowToon (*https://www.powtoon.com/home/*): Dieses Tool bietet ebenfalls viele Grafiken und Vorlagen zum Erstellen eines Erklärvideos.
- Im Anschluss an die Erarbeitungsphase werden die Erklärvideos für die Präsentation vorbereitet. Dabei ist auf das Format zu achten, das zum Präsentationsmedium passen sollte.

- Die Gruppen bereiten die Präsentationen nicht nur formal, sondern auch inhaltlich vor. Dabei sollten sie eine Einleitung in ihre Fragestellung geben und auf die eigenen Erkenntnisse bei der Recherche eingehen. Nach der Präsentation der einzelnen Erklärvideos können die Mitschüler*innen Rückfragen stellen und zu den Antwortversuchen Stellung beziehen.

## Mögliche Fallstricke und Tipps

Bei der Erstellung der Erklärvideos ist ein gewisses technisches Knowhow notwendig. Die Lehrkraft sollte darauf achten, dass hier manche Schüler*innen die Expert*innen sind. Um alle Lernenden zu aktivieren, ist eine Aufgabenverteilung am Beginn der Projektarbeit sinnvoll (Texte schreiben, Motive auswählen, technische Umsetzung).

## Analoge Alternative

Eine gemischte analog-digitale Variante besteht darin, die Illustrationen selbst zu malen und auszulegen. Die manuelle Kombination von Text und Bildern sollte vor der Produktion eingeübt werden. Dabei wird der Text parallel gesprochen.

## Beispiele und Infoseiten

- Einführung in mysimpleshow:
  *https://herrjasper.de/2018/07/27/mysimpleshow/* 1
- Professionelle Beispiele für Erklärvideos in der Reihe „Katholisch für Anfänger“:
  *https://www.katholisch.de/video/serien/katholisch-fur-anfanger* 2
- Tutorial für Adobe Spark Video:
  *https://www.youtube.com/watch?v=guVxxt0M_PA* 3
- Einführung zur Erstellung von Erklärvideos mit Apple Keynote:
  *https://www.youtube.com/watch?time_continue=26&v=jB3HFfK4SCU* 4
- Einführung zur Erstellung von Erklärvideos oder Präsentationen mit der App Explain Everything:
  *https://www.medien-in-die-schule.de/werkzeugkaesten/werkzeugkasten-lernen-lehren-mit-apps/werkzeugportraits-apps-fuer-lehren-und-lernen/apps-im-portrait-explain-everything/* 5
- Techniken zum Erstellen eines Erklär- oder Trickfilms:
  *https://karin-reber.de/2019/05/16/trickfilm/* 6

1 2 3 4

5 6

45 Minuten

Erarbeitung / Präsentation

Entdecken von lebensrelevanten Fragen

## Beschreibung

Die Schüler*innen entdecken und formulieren Fragen, die eine lebensrelevante Bedeutung haben. Dazu nutzen sie die Seite *https://fragmich.xyz*. Die Fragen werden gesammelt und auf zehn reduziert.

## Benötigte Materialien und technische Voraussetzungen

- Smartphone, Tablet, Notebook oder Computer mit Internetzugang pro Schüler*in
- Beamer

## Ablauf und Methode an einem konkreten Beispiel

- Setting: Als Einstieg in das Thema malt die Lehrkraft zunächst ein großes Fragezeichen an die Tafel. Auf der Seite *https://answergarden.ch* formuliert sie die Frage „Was fällt mir bei dem Fragezeichen ein?" Die Schüler*innen erhalten den in der Adresse erzeugten Zahlencode und können nun ihre Assoziationen eingeben. Mehrfach eingegebene Wörter werden größer dargestellt. Nach und nach entsteht ein Brainstorming zu dem Fragezeichen.
- Anschließend erhalten die Schüler*innen einen QR-Code, über den sie einen Zugang zu einem kurzen Text erhalten („Fragensteller"):

Fragensteller

Wir Menschen sind Fragensteller:
Wer Wie Was Warum Wieviel Wo Wer Wann
Weshalb Wobei Wessen Weswegen Wie Wem
Welche Wozu Wen Woher Wohin Worauf
Wieso Inwieweit

In der Schule lernen wir vor allem
Antworten auf unzählige Fragen.
Doch was ist mit den Fragen,
die mich beschäftigen
und die wichtig sind für mein Leben?

Das sind die Fragen,
die entscheidend sind
für mein Glück und meine Zufriedenheit.

Es sind weniger die Wissensfragen,
die im Unterricht oder in einem Quiz gestellt
werden.
Es sind die Lebensfragen,
die mir helfen,
die Welt und das Leben zu entdecken.

Das Leben bleibt spannend,
solange ich noch Fragen habe!

Und wie denkst du darüber?

- In einer Gesprächsrunde erarbeiten die Schüler*innen die Bedeutung des Fragens für die persönliche Weiterentwicklung.

- Die Lehrkraft erläutert die weitere Aufgabenstellung: Die Schüler*innen sollen sich auf die Suche nach Fragen machen, die für sie und ihr Leben eine wichtige Bedeutung haben. Dabei geht es nicht um Fragen, auf die Wikipedia oder Fachbücher ausführliche Antworten geben können. Es geht in erster Linie nicht um Antworten, sondern um Fragen. Solche Fragen lauten z. B. „Warum lebe ich? Welchen Sinn hat mein Leben? Wo komme ich her? Was wird mein Leben in Zukunft prägen?".
- Auf der Seite *https://fragmich.xyz* legt die Lehrkraft eine neue Fragerunde an. Dazu formuliert sie ein Thema (z. B. „Meine wichtigen Lebensfragen"). Die Schüler*innen erhalten den Code und können ihre Fragen eingeben.
- Nach Beendigung der Fragerunde können die einzelnen Fragen bewertet werden. Anschließend wird das Ergebnis präsentiert und gemeinsam besprochen.
- Die Schüler*innen entscheiden sich für zehn Fragen, die für die Mehrheit der Klasse bedeutsam sind. Warum das so ist, kann in einer abschließenden Gesprächsrunde erörtert werden.

## Mögliche Fallstricke und Tipps

- Bei Answergarden muss die Seite ab und zu aktualisiert aufgerufen werden, um alle eingegebenen Begriffe zu sehen.
- Über ein Etherpad (z. B. *https://hackmd.io*, *https://zumpad.zum.de*) können die Fragen in Gruppen zunächst kollaborativ erarbeitet werden.
- Die gemeinsam erarbeiteten zehn bedeutenden Lebensfragen sind bereits ein wichtiges Ergebnis. Die Schüler*innen können gemeinsam entscheiden, ob sie sich nun auch auf eine Antwortsuche machen. Das könnte z. B. in Form einer Onlineumfrage geschehen (z. B. *https://www.survio.com/de/*), an der die ganze Schulgemeinschaft oder ausgewählte Klassen teilnehmen könnten.

## Analoge Alternative

Die Fragen werden auf Karten notiert und ausgelegt. Die Bedeutung der einzelnen Fragen wird zunächst diskutiert. Per Abstimmung werden zehn Fragen für die Weiterarbeit ausgewählt.

## Beispiele und Infoseiten

- Kurze Einführung in die Handhabung von Answergarden:
  *https://www.youtube.com/watch?v=XOc45qW4U4I* 1
- Hinweise zum Thema „Klassen-Umfragen selbst machen":
  *https://lehrerweb.wien/aktuell/single/news/klassen-umfragen-selbst-gemacht/* 2
- Umfrage-Tool PINGO:
  *https://www.bpb.de/lernen/digitale-bildung/werkstatt/246725/mit-dem-umfrage-tool-pingo-den-unterricht-interaktiv-gestalten* 3

1 2 3

mehrere Doppelstunden

Erarbeitung / Präsentation

Geschichten in einem Film visualisieren

## Beschreibung

Bei der Stop-Motion-Technik bzw. Trickfilmtechnik werden viele Fotos aneinandergehängt und als Video abgespielt. Ein Stop-Motion-Film entsteht, indem die Gegenstände vor der Kamera in kleinen Schritten bewegt werden. Dabei werden einzelne Fotos gemacht, die am Schluss zu einem Film zusammengefügt werden. Mithilfe der App Stop Motion Studio ist die Produktion recht einfach. Die Stop-Motion-Technik soll genutzt werden, um z. B. eine biblische Geschichte darzustellen.

## Benötigte Materialien und technische Voraussetzungen

- Smartphone oder Tablet mit vorinstallierter App Stop Motion Studio (für iOS und Android erhältlich) pro Zweierteam / Kleingruppe
- Spielfiguren oder Knete
- ggf. Scheren, Pappe, Kleber und Buntstifte
- evtl. eine Trickbox

## Ablauf und Methode an einem konkreten Beispiel

- Setting: Zunächst entscheiden sich die Schüler*innen für eine Geschichte (aus der Bibel oder selbst geschrieben), die sie in einem Stop-Motion-Film umsetzen wollen. Dabei können sie ihrer Fantasie freien Lauf lassen.
- Drehbuch/Storyboard: Die ausgewählte Geschichte wird gemeinsam gelesen und in Szenen strukturiert. Zu den durchnummerierten Szenen werden Notizen gemacht (Kameraeinstellung, Figuren, Hintergrund, Requisiten, Bewegungen, Geräusche, Text). Es wird eine Liste erstellt, auf der alle Gegenstände und Materialien für die einzelnen Szenen notiert werden. Hilfreich kann auch sein, wenn die Szenen und Kameraeinstellungen skizziert werden.
- In der Kreativphase werden die einzelnen Szenen vorbereitet und eingeübt. Dabei ist auch zu überlegen, ob die Geschichte von vorne oder von oben fotografiert wird.
- Im nächsten Schritt haben alle Schüler*innen die Möglichkeit, die Handhabung der App Stop Motion Studio einzuüben (siehe „Beispiele und Infoseiten“).
- Produktion: Wenn alle Vorbereitungen getroffen sind, kann der Filmdreh beginnen. Es ist sinnvoll, dies in einer festen zeitlichen Phase umzusetzen, da die Neuinszenierung viel Arbeit und Probleme bereitet. Die Aufnahmen werden mit einem Tablet oder einem Smartphone Schritt für Schritt durchgeführt. Dabei ist darauf zu achten, dass dieses nicht bewegt wird (mit Klebeband fixieren!). Auch die Filmgeschwindigkeit (Bilder / Sek.) kann verändert werden.
- Nachdem die Einzelbilder nochmals gesichtet, abgespielt und korrigiert wurden, wird der Text eingesprochen. Das lässt sich in der App leicht umsetzen. Auch Hintergrundmusik, Soundeffekte und Geräusche können in den Stop-Motion-Film eingefügt werden.
- Wenn das Ergebnis der Produktion zufriedenstellend ist, kann der Film exportiert und in einem passenden Format abgespeichert werden.
- Die Präsentation der fertigen Filme kann zu einem spannenden und lehrreichen Erlebnis werden. Dabei ist es wichtig, gemeinsam die fertigen Filme anzuschauen, zu analysieren und zu besprechen. Denn jede visuelle Umsetzung ist zugleich eine bedenkenswerte Interpretation.

## Mögliche Fallstricke und Tipps

- Stop-Motion-Filme können auch genutzt werden, um Sachverhalte oder spannende Fragen anschaulich zu erklären (Wer ist Gott? Was ist die Liebe? Wie finde ich das Glück?).
- Die Gegenstände und Figuren in einem Stop-Motion-Film können sehr unterschiedlich sein. Gut eignen sich Spielsteine oder Figuren, die zunächst passend zusammengefügt werden oder fertige Spielfiguren. Bei jüngeren Schüler*innen ist auch das Modellieren von Figuren mit Knete oder Ton sinnvoll, da hier die Gestaltungsmöglichkeiten vielfältiger sind.
- Um das Prinzip der Technik besser zu verstehen, können kleine Übungen einen Zugang schaffen. Einzelne Gegenstände werden dazu bewegt und fotografiert (z. B. der tanzende Bleistift).
- In einem Projekt ist es sinnvoll, die unterschiedlichen Aufgaben bei der Filmproduktion aufzuteilen, sodass einzelne Gruppen bzw. Schüler*innen zu Expert*innen in ihrem Bereich werden.

## Analoge Alternative

Eine analoge Form der bewegten Bilder ist das alte Daumenkino. Es besteht aus vielen gezeichneten Szenen, die sich bewegen, wenn man die Blätter zwischen Daumen und Zeigefinger schnell durchlaufen lässt. Auch diese Stop-Motion-Variante hat einen gewissen Reiz für Schüler*innen, die gerne zeichnen.

## Beispiele und Infoseiten

- Umfassende Einführung in die Stop-Motion-Filmtechnik: *https://www.stopmotiontutorials.com* 1
- Anschauliche Beispiele: *http://neumedier.de/storytelling.php* 2
- Tutorial zum Bau einer Trickbox: *https://ivi-education.de/video/bau-einer-trickbox-fuer-erklaerfilme/* 3
- Erläuterung einer „Trickboxx“: *https://www.youtube.com/watch?v=y8UyUcHhYbc* 4
- Video-Tutorial zur Erstellung von Animationsfilmen mit der App Stop Motion Studio: *https://www.youtube.com/watch?v=KS8PMnAKJL4* 5
- Hilfreiche Anregungen zum Thema „Stop-Motion-Filme“ im Unterricht: *https://padlet.com/dee_townsend/stopmotion* 6

1 2 3 4

5 6

mehrere Doppelstunden

Erarbeitung / Präsentation

Geschichten in einem Comic umsetzen

## Beschreibung

Es sind beliebte Figuren wie Mickey Mouse, Superman oder auch Asterix und Obelix, die Comics bekannt gemacht haben. Dabei werden gezeichnete Geschichten erzählt, wobei die gesprochenen Texte den Figuren durch Sprechblasen zugeordnet sind. Besondere Bedeutung haben dabei die Laute, Symbole oder die Mimik und Gestik. Diese Form der Bild- und Textsprache ist mithilfe digitaler Tools leicht umzusetzen. Dabei muss nicht mehr gezeichnet werden, denn alle Komponenten werden mit der entsprechenden App erzeugt. Die Schüler*innen haben die Aufgabe, eine Geschichte (Bibel, Erzählung, eigene Story) in Form eines Comics zu erzählen. Dazu benutzen sie ein passendes Tool, mit dem man Clips in Comics umwandeln kann.

## Benötigte Materialien und technische Voraussetzungen

Tablet oder Smartphone mit Kamera pro Kleingruppe mit vorinstallierter Comic-App, z. B. Comic Strip It (Android), Clips, Comic-Kamera, Clip2comic (iOS), Comic Life

## Ablauf und Methode an einem konkreten Beispiel

- Setting: Am Ende einer Unterrichtsreihe sollen die Schüler*innen eine eigene Comicstory erfinden, in der die behandelte Problematik verdeutlicht und verarbeitet wird. Dabei ist vor allem der Lebensbezug wichtig (z. B. Was gibt mir Kraft in Krisen?, Hoffnung konkret, Was soll ich glauben?, Nächstenliebe im Alltagstest). Es werden Arbeitsgruppen gebildet, die zunächst Ideen für die Story sammeln.
- Es wird eine Gliederung erstellt, die in einem Storyboard konkretisiert wird, in dem die einzelnen Comicszenen beschrieben werden. Folgende Leitfragen können bei der Planung hilfreich sein: Welche Personen spielen mit? An welchem Ort spielt die Szene? Was sagen die Teilnehmer*innen? Welche Kommentare sind wichtig?
- In Anlehnung an die Szenen werden passende Fotos gemacht, die in mehreren Varianten inszeniert werden.
- Die fertigen Fotos werden gesichtet und entsprechend der Reihenfolge der Story ausgewählt. Dazu ist es sinnvoll, auch das Seitenlayout festzulegen (Größe und Form der Fotos, Anzahl auf einer Seite).
- Ein Comiceffekt wird auf die Bilder angewendet (farblich oder schwarz-weiß). Die Personen und Gegenstände können bis zur Unkenntlichkeit verändert werden.
- Es werden Sprech- und Gedankenblasen, POW-Effekte und Bildunterschriften eingefügt.
- Die Ergebnisse werden digital oder in ausgedruckter Form präsentiert.

### Mögliche Fallstricke und Tipps

- Natürlich lassen sich auch biblische Geschichten, Kurzgeschichten oder Erzählungen gut in Comicstorys umwandeln.
- Eine anspruchsvollere Variante ist das Umwandeln von Texten in Comics. So können etwa kontroverse Themen in einem Dialog zwischen zwei Menschen für einen Comic adaptiert werden.
- Eine besondere Form von Comics, die bei vielen Jugendlichen beliebt ist, sind Mangas und Anime-Trickfilme. Sie haben eine feste Rolle in der japanischen Kultur. Eine Exkursion lohnt sich!

### Analoge Alternative

Natürlich ist die Form der analogen Produktion von Comics mit Bleistift oder Buntstiften immer noch die Hochform der künstlerischen Umsetzung. Immer wieder finden sich in den Klassen Kinder und Jugendliche, die sich gerne daran ausprobieren. Daher sollte auch diese Möglichkeit zur Verfügung stehen. Dabei bietet ein Tablet zusammen mit einem Pencil auch eine attraktive Möglichkeit zum Selberzeichnen.

### Beispiele und Infoseiten

- Kleines Lexikon der Comicsprache:
  *http://www.labbe.de/mellvil/popup_vs.asp?themaid=16&titelid=210* 1
- Einführung in Comic Life:
  *https://www.comiclife.eu/Comic-Life.html#sthash.Dv6YPcD7.dpbs* 2
- Beispiel einer Unterrichtsreihe – Luther-Comic:
  *https://www.rpi-loccum.de/material/pelikan/pel1-19/1-19_krawelitzki* 3
- Literaturtipp: Judith Krawelitzki: Bedingungslose Liebe digital. Einen Luther-Comic am Computer gestalten. In: Loccumer Pelikan 1/2019, S. 31–36

1

2

3

ca. 5 – 15 Minuten

nach Bedarf

zur Ruhe kommen, Konzentration, neue Kräfte sammeln

## Beschreibung

Die Lehrkraft lädt die Schüler*innen zu einer meditativen Unterrichtsphase ein. Dazu nutzt sie eine entsprechende Meditations-App, um entspannende Musik oder eine angeleitete Meditation zu präsentieren.

## Benötigte Materialien und technische Voraussetzungen

- Smartphone, Tablet, Notebook oder Computer mit Internetzugang für die Lehrkraft
- ggf. vorinstallierte Meditations-App, z. B. Relax Melodies, breathe, Relax Yoga Music oder Insight Timer

## Ablauf und Methode an einem konkreten Beispiel

- Setting: Immer wieder gibt es in der Schule und während des Unterrichts hektische Zeiten, in denen die Schüler*innen unruhig werden. Die Lehrkraft führt die Schüler*innen Schritt für Schritt in die Grundtechniken der Meditation ein (sitzen bzw. liegen, Atmung, Augen schließen, Gedankenfluss, zur Ruhe kommen, nach innen schauen etc.).
- So können nach Bedarf kürzere oder längere Meditationsphasen im Religionsunterricht eingeführt werden. Ein erstes digitales Hilfsmittel kann dabei die App Relax Melodies (iOS, Android) (*https://www.relaxmelodies.com*) sein. Damit können eigene Soundfolgen kreiert werden.
- Das Gute an dieser App ist, dass nicht eine Musik den Hintergrund bildet, sondern Sounds und Geräusche (Regen, Wind, Vögel, Piano, Zen, Lagerfeuer, Summen, Standuhr usw.), die unterschiedlich kombiniert werden können. Dabei kann die Lautstärke der einzelnen Geräusche individuell im Mixer eingestellt werden. Bei einer Registrierung durch die Lehrkraft können einzelne Soundcollagen immer wieder abgerufen werden.

## Mögliche Fallstricke und Tipps

- Beim Einsatz meditativer Musik – egal ob klassisch oder populär – kann allein die Auswahl der Musik zu Unruhe führen, da Musik bekanntlich Geschmackssache ist.
- Wenn die App Relax Melodies genutzt wird, ist immer wieder ein*e andere*r Schüler*in verantwortlich für den Soundteppich, der die Meditation unterstützen soll.
- Angeleitete und geführte Meditationen (z. B. Fantasiereisen) gibt es auch in digitalen Versionen. So bietet die App Meditation Easy App (*https://www.meditationeasy.de/de/index*) geführte Meditationen mit unterschiedlichen Meditationstechniken.
- Eine gute Möglichkeit des meditativen Malens bietet die Vielzahl an Mandala-Apps, bei denen entweder Mandalas selbst entworfen oder mit Hand oder Stift ausgemalt werden können (z. B. Mandala Maker free, Mandala Malvorlagen, Mandala Ausmalbilder, Mandalas zum Ausmalen).

## Analoge Alternative

Die klassische Form der Meditation kommt ganz ohne Musik oder Geräuschteppich aus. Auch diese Form der stillen Meditation sollte gelegentlich im Unterricht genutzt werden.

## Beispiele

- Geräusch- bzw. Meditations-Apps für iOS oder Android:
  - breathe:
    *https://www.breathe-meditation.com/* 1
  - Insight Timer:
    *https://insighttimer.com/meditation-app* 2
  - MyLife (für ein interdisziplinäres Unterrichtsprojekt in Religion und Englisch; Anleitungen in englischer Sprache, z. B. Body Scan, Mindful Walk):
    *https://my.life/* 3
- Beispiel Meditation Easy App:
  *https://www.youtube.com/watch?v=aiPEPae68LQ&list=PL_OJd_NKZxQxGAtBQIElGBbM0e1XPHRGg* 4

1 2 3 4

Doppelstunde

Erarbeitung / Präsentation

das Kirchenjahr mit seinen Festen erschließen

## Beschreibung

Die Schüler*innen erschließen sich das Kirchenjahr mit seinen konfessionell geprägten Festtagen und nutzen dabei digitale Medien. So können u. a. Übungen auf der Plattform LearningApps gemacht und digitale Zeitleisten erstellt werden.

## Benötigte Materialien und technische Voraussetzungen

Smartphone, Tablet, Notebook oder Computer mit Internetzugang pro Kleingruppe

## Ablauf und Methode an einem konkreten Beispiel

- Setting: Es werden mehrere Arbeitsgruppen gebildet. Zum Einstieg in das Thema „Kirchenjahr" und zur Orientierung über das Vorwissen der Schüler*innen wird LearningApps genutzt. Dabei sollen die Schüler*innen die Feste in die richtige Reihenfolge bringen.
*https://learningapps.org/5329527* (katholisches bzw. evangelisches Kirchenjahr) 1
Eine weiterführende Frage könnte lauten: „Welche Feste kennt ihr noch und wann werden sie gefeiert?". Wenn die Schüler*innen mit Learning Snacks vertraut sind, können sie die Vorlage zur Weiterarbeit verwenden.
- Zur Vertiefung der einzelnen Feste im Kirchenjahr können die Schüler*innen weiterführende Medien nutzen: Die App Kirchenjahr evangelisch (iOS, Android) (*https://www.kirchenjahr-evangelisch.de*) bietet viele Werkzeuge für eine spannende Entdeckungsreise. Für den katholischen Religionsunterricht bietet das Ministrantenportal vielfältige Informationen:
*https://www.ministrantenportal.de/wissen/kirchenjahr/index.html* 2
- Als Ergebnis ihrer Recherche entwickeln die Schüler*innen eine digitale Zeitleiste. Dazu ist die Seite *https://www.timetoast.com* hilfreich.
- Die unterschiedlichen Zeitleisten werden von den Gruppen präsentiert und gemeinsam besprochen. An dieser Stelle wäre es sinnvoll, auch etwas zur Bedeutung des Kirchenjahreskreises zu sagen (gemeinsamer Rhythmus und Struktur, die Christen verbindet).
- Zum Vertiefen und zur Wiederholung werden die Arbeitsergebnisse für alle Schüler*innen bereitgestellt.

## Mögliche Fallstricke und Tipps

- Beim Thema „Kirchenjahr" gibt es konfessionelle Unterschiede, was aber nicht bedeuten soll, dass die Schüler*innen die Feste der jeweils anderen Konfession nicht kennenlernen sollen. Wichtig ist dabei auch der Aspekt, dass nicht das Trennende, sondern das Gemeinsame im Mittelpunkt stehen sollte. Dabei ist der Blick auf die großen Feste wie Weihnachten, Ostern und Pfingsten hilfreich. Ein gemeinsamer Angelpunkt ist auch der Sonntag.
- Die Schüler*innen unternehmen eine interreligiöse Entdeckungsreise und recherchieren, welche Feste es in den Weltreligionen gibt:
*https://www.religionen-entdecken.de/lexikon/f/feste-in-den-religionen* 3
- Als mediale Alternative zur Präsentation können die Schüler*innen einen Erklärfilm produzieren, in dem sie das Kirchenjahr vorstellen.

- Zur Vertiefung einzelner Feste im Kirchenjahr findet sich auf YouTube eine Vielzahl an kurzen Filmen.
- Die Schüler*innen erstellen kurze „jugendgemäße“ Audiobeiträge zu den einzelnen Festen des Kirchenjahres und fügen sie zu einem „Kirchenjahr-Podcast“ zusammen.

## Analoge Alternative

- Die Schüler*innen fertigen einen Kirchenjahrkalender im Kreisformat an.
- Die Schüler*innen durchsuchen verschiedene Kalender nach Festen im Kirchenjahr und legen einen Zeitstrahl an.

## Beispiele und Infoseiten

- Vorstellung von sieben Zeitstrahl-Tools:
  *https://www.lehrerfreund.de/schule/1s/online-zeitstrahl-tools/4596* 4
- Kurzer Erklärfilm, der die Farben des Kirchenjahres erläutert:
  *https://www.youtube.com/watch?v=cfEGPqfBvQ8* 5

1 2 3

4 5

einige Wochen vor Beginn der Adventszeit

Erarbeitung / Präsentation

einen Adventskalender mit Impulsen gestalten

## Beschreibung

Adventskalender sind beliebt und verkürzen die Zeit bis Weihnachten. Im analogen Format sind die Kalendertürchen häufig mit Süßigkeiten gefüllt. Die Religionsgruppe erstellt einen digitalen Adventskalender, auf den die ganze Schulgemeinschaft zugreifen und von dem sie sich inspirieren lassen kann. Die einzelnen Türen enthalten beim Öffnen unterschiedliche Inhalte, die vor allem zum Nachdenken und zum kreativen Tun inspirieren wollen.

## Benötigte Materialien und technische Voraussetzungen

Computer mit Internetzugang pro Kleingruppe

## Ablauf und Methode an einem konkreten Beispiel

- Setting: Gestaltung eines digitalen Adventskalenders
- Bevor der Adventskalender erstellt wird, werden grundlegende Fragen geklärt: Wer sollen die Adressat*innen des Kalenders sein (Schüler*innen, Lehrer*innen, Eltern)? Wie machen wir auf den Kalender aufmerksam? Wer erhält einen Zugang? Mit welchen Inhalten wollen wir den Kalender füllen?
- Die Lehrkraft stellt die Kalendersoftware vor und zeigt deren Handhabung. Sie hat einen Zugang angelegt, den die Schüler*innen erhalten, um den Kalender bearbeiten zu können. Eine kostenlose Onlineversion ohne Registrierung gibt es unter *https://tuerchen.com/de/*.
- Es werden z. B. acht Arbeitsgruppen gebildet, die jeweils drei Tage der Adventszeit (1 bis 24) bearbeiten.
- Die einzelnen Türen des Adventskalenders können mit unterschiedlichen Inhalten befüllt werden: Geschichten, Kurztexte, Bilder, Kurzfilme, Bibeltexte, Lebensweisheiten, eine gute Tat, QR-Code, Zitate, Quiz, Rätsel, Lieder, Musik etc. Dabei können bei der Konfiguration zunächst Titel, Schriftart, Farben, Türchen-Text und Tür-Stil gewählt werden. Auch verschiedene Effekte wie Sterne oder Schneefall sind möglich.
- Jede Gruppe überlegt sich, welche Inhalte zum Nachdenken und Tun anregen können. Sie diskutieren die Inhalte und stellen die Ergebnisse in den Kalender ein.
- Der fertige Kalender wird in einer Endredaktion von der ganzen Klasse begutachtet und überarbeitet.
- Über einen individuellen Link können alle, die über die Adresse verfügen, auf den Kalender zugreifen. Der fertige digitale Adventskalender ist nun Tag für Tag durch Öffnen eines Türchens zugänglich.

## Mögliche Fallstricke und Tipps

- Übrigens ist die Mehrzahl der Angebote im Internet an Unternehmen gerichtet, die ihre Kunden mit einem Adventskalender erfreuen wollen. Aber auch für die Schulgemeinschaft wäre ein solches Angebot eine gute Werbung.
- Es wäre sinnvoll, den Adventskalender unter ein bestimmtes Motto bzw. Thema zu stellen, an dem sich die Inhalte orientieren (z. B. Zur Ruhe kommen, Hoffnung, Warten auf die Botschaft der Liebe).

- Als Inhalte können natürlich auch eigene Fotos, Videos oder Texte genutzt werden. Dabei ist jedoch auf die Privatsphäre und den Datenschutz zu achten.
- Der Kalender könnte über die Schulhomepage zugänglich gemacht werden.
- Ähnliche Aktionen wären auch während der Fastenzeit möglich: Das Angebot der Klasse besteht darin, in der vorösterlichen Zeit jeden Tag per E-Mail eine persönliche Lebensweisheit als Impuls zum Nachdenken zu verschicken. Das Angebot wird bekanntgemacht und wer eine solche E-Mail erhalten will, sendet eine Zusage an eine vorgegebene Fastenzeit-Adresse. Die Impulse werden dann täglich an die Adressen verschickt. Die einzelnen Impulse werden von den Schüler*innen ausgesucht oder selbst erstellt.
- QR-Adventskalender: Jeden Tag wird in der Pausenhalle ein QR-Code mit einem Impuls ausgehängt. Die Schüler*innen erhalten mithilfe ihres Smartphones einen Zugang zu den ausgewählten Inhalten.

## Analoge Alternative

Es wird für jeden Tag der Adventszeit ein Kalenderblatt / -plakat gestaltet, das jeden Morgen im Pausenraum aufgehängt wird.

## Beispiele und Infoseiten

- Kostenlose Adventskalender, bei denen eine Registrierung durch die Lehrkraft möglich ist:
  - *https://www.onlineadventskalender.com/account/login/* 1
  - *https://www.advientos.com* 2
- Individueller Online-Adventskalender:
  *https://www.myadvent.net/de/* 3

1

2

3

45 Minuten

Erarbeitung / Präsentation

Erkunden virtueller Friedhöfe

## Beschreibung

Die Schüler*innen unternehmen eine virtuelle Entdeckungsreise, indem sie im Internet Gedenkportale für Verstorbene besuchen.

## Benötigte Materialien und technische Voraussetzungen

Smartphone, Tablet, Notebook oder Computer mit Internetzugang pro Kleingruppe

## Ablauf und Methode an einem konkreten Beispiel

- Setting: Die Schüler*innen unterhalten sich über die Bedeutung von Friedhöfen für die Menschen. Dabei berichten sie von eigenen Besuchen auf Friedhöfen und was diese für sie persönlich bedeuten.
- Die Lehrkraft erläutert, dass es mittlerweile viele virtuelle Gedenkstätten gibt, die den Hinterbliebenen die Möglichkeit bieten, auf eine ganz andere Art der Verstorbenen zu gedenken. Es können Fotos und Videos eingestellt werden. Auch Musik oder die Stimme des Verstorbenen können der Erinnerung und Trauer eine ganz neue Qualität verleihen. In Gäste- bzw. Kondolenzbücher können die Menschen ihre Gedanken eintragen. Die Gedenkseiten sind Medien des kollektiven Erinnerns und können noch nach vielen Jahren an die Verstorbenen erinnern.
- Die Lehrkraft zeigt den Schüler*innen die Seite „Straße der Besten" (*https://www.strassederbesten.de*) und erarbeitet Kennzeichen dieser Seite: Wie ist die Gedenkseite aufgebaut? Welche Möglichkeiten werden den Nutzer*innen geboten? Wie ist der „virtuelle Friedhof" einzuschätzen? Kann man eine solche Seite mit Facebook oder Instagram vergleichen? Gibt es Ähnlichkeiten und Unterschiede? Wer braucht diese virtuellen Angebote?
- Es werden Arbeitsgruppen gebildet, die sich mit unterschiedlichen Gedenkportalen auseinandersetzen: *https://www.infrieden.de, https://www.trauer.de, https://www.kerze-anzuenden.de, https://trauerraum.bistum-essen.de, https://www.viternity.org, http://www.mymemorial24.de, https://ingedenken.de, http://gedenkseiten.trauernetz.de.*
- Die Lehrkraft legt ein Pad im ZUMpad (*https://zumpad.zum.de*) mit dem Namen „Virtueller Friedhof" an und stellt dort einige anregende Fragen ein: Wie unterscheiden sich die einzelnen Seiten? Gibt es Grenzen, die nicht überschritten werden sollten? Werden durch die virtuelle Inszenierung die Trauer und der Schmerz nicht unnötig verlängert? Ist der Friedhof nicht eine sehr persönliche Möglichkeit des Abschiednehmens und der Trauer und die virtuelle Gedenkstätte somit eine Grenzüberschreitung? Welche Bedeutung haben die religiöse Sprache und die Symbole? Spielt Religion überhaupt noch eine Rolle auf den Gedenkportalen? Was hältst du davon, dass auf dem realen Grabstein ein QR-Code auf die virtuelle Gedenkstätte verweist? Welche Rolle spielen dabei das Persönlichkeitsrecht des*der Verstorbenen und der Datenschutz?
- Die einzelnen Gruppen bearbeiten das Thema, indem sie die unterschiedlichen Seiten besuchen und besprechen. Sie fassen das Ergebnis ihrer Recherchen in jeweils fünf Fragen zusammen und formulieren ihre Erkenntnisse in einem Fazit, das aus einem Satz bestehen sollte. Die Ergebnisse werden im ZUMpad „Virtueller Friedhof" eingestellt.

- Als Abschluss der Erkundung virtueller Friedhöfe stellen die einzelnen Gruppen ihre Fragen und Erkenntnisse vor und erläutern diese. Eine abschließende Diskussion kann das Thema vertiefen.

## Mögliche Fallstricke und Tipps

- Das Thema „Tod und Sterben" ist ein sehr persönliches und existenzielles Thema. Es kann bei manchen Schüler*innen Widerstand oder sogar heftige Emotionen hervorrufen. Das sollten Sie als Religionslehrkraft beachten. Andererseits ist es ein Thema des Lehrplans, das sachlich bearbeitet werden kann.
- Es ist auch möglich, dass die Schüler*innen sich selbst auf die Suche nach virtuellen Friedhöfen machen.

## Analoge Alternative

- Die Schüler*innen untersuchen in Tageszeitungen die Todesanzeigen. Auch Besuche auf Friedhöfen mit entsprechenden Beobachtungsaufgaben (Grabsteine, Symbole, Texte) sind möglich, um das Thema „Tod und Sterben" zu erschließen.
- Der Besuch eines Bestattungsunternehmens und ein Einblick in die Arbeit der Bestatter*innen bieten viele aufschlussreiche Erkenntnisse.

## Beispiele und Infoseiten

- Erste virtuelle Gedenkstätte – „World Wide Cemetery":
  *https://cemetery.org* 1
- Dietmar Peter: Virtuelle Friedhöfe. Verstorbene – nur einen Klick entfernt:
  *https://www.rpi-loccum.de/material/pelikan/pel1-19/1-19_peter* 2
- Einblick in die Bestattungskultur:
  *https://www.friedhofguide.de* 3
- Artikel „Lebendiger trauern im Netz":
  *https://www.tagesspiegel.de/themen/digitalisierung-ki/virtuelle-friedhoefe-lebendiger-trauern-im-netz/11016532.html* 4

1 2 3 4

2 Doppelstunden

Erarbeitung / Präsentation

ganzheitliches Erleben christlicher Grundgebete

## Beschreibung

Die Schüler*innen setzen sich mit christlichen Gebeten auseinander und stellen diese ganzheitlich in einem Video bzw. einer Fotoserie dar.

## Benötigte Materialien und technische Voraussetzungen

Smartphone oder Tablet mit Internetzugang pro Kleingruppe

## Ablauf und Methode an einem konkreten Beispiel

- Setting: Die Schüler*innen nutzen ihre mobilen Geräte und sichten zunächst eine Sammlung der bekanntesten christlichen Grundgebete. Dazu installieren sie die App „Beten – Gebete christlichen Glaubens auf Deutsch". Die App umfasst die Grundgebete des christlichen Glaubens und orientiert sich am katholischen Gottesdienst (Kreuzzeichen, Vaterunser, Ave-Maria, Benedictus, Gloria usw.).
- Weitere Gebetssammlungen finden sich im Internet und in Gebetbüchern und Büchern für die Gottesdienste:
  *https://www.elk-wue.de/glauben/glaubenstexte/gebete* 1
  *https://www.katholisch.de/artikel/42-gebete-fur-jeden-tag* 2
- Es werden Arbeitsgruppen gebildet. Jede Gruppe hat die Aufgabe, ein ausgewähltes Gebet zu visualisieren.
- Die Gebete werden gesichtet und besprochen. Jede Gruppe wählt ein Gebet aus, geht es Schritt für Schritt durch und sammelt Ideen, wie die einzelnen Aussagen pantomimisch dargestellt werden können.
- Es wird ein Storyboard erstellt, das z. B. aus drei Spalten besteht: 1. Spalte: Gebetstext, 2. Spalte: Beschreibung der Darstellung (z. B. beide Hände langsam von vorne in die Höhe heben), 3. Spalte: Kameraeinstellung: Einstellungsgrößen (z. B. Weit, Totale, Halbnah), Kameraperspektiven (z. B. Normalsicht, Untersicht, Aufsicht) usw. Dazu bietet die App TopShot (iOS, Android) einen guten Einstieg in filmische Grundbegriffe.
- Folgende Fragen können bei der Planung hilfreich sein: Was soll zu sehen sein? Wie ist der Ablauf? Wird durchgehend gefilmt oder in einzelnen Szenen? Soll die darstellende Person zu sehen sein oder nur Ausschnitte (Kopf, Hände)? Wird der Text von verschiedenen Personen gesprochen? Welcher Hintergrund wird ausgewählt? Soll der Film eine musikalische Untermalung haben?
- Es werden unterschiedliche Rollen verteilt: Sprecher*innen, Darsteller*innen, Video- bzw. Fotoaufnahme. Sinnvoll sind zunächst mehrere Probedurchläufe. Schließlich werden die endgültigen Aufnahmen gemacht.
- Für die gemeinsame Bearbeitung des Film- und Fotomaterials auf Mobilgeräten können unterschiedliche Apps genutzt werden: für iOS-Geräte iMovie und für Android-Geräte KineMaster. Beide Apps bieten viele Bearbeitungsmöglichkeiten und sind einfach zu handhaben.
- Die fertigen Filme werden in der folgenden Unterrichtsstunde gemeinsam angeschaut. Da es sich dabei um mehr als eine fachbezogene Präsentation handelt, wird der Raum entsprechend gestaltet (evtl. abgedunkelt und mit Kerzen erleuchtet).
- Es geht in dem abschließenden Gespräch nicht nur darum, die Filmtechnik kritisch zu betrachten, sondern in erster Linie um die persönliche Erfahrung beim Produzieren und Betrachten der Filmgebete.

- Folgende Fragen können bei der Reflexion hilfreich sein: Hat die Arbeit an und mit dem Gebet meine Einstellung zum Beten verändert? Was hat mich besonders beeindruckt bzw. gestört?
- Eine persönliche Zusammenfassung kann z. B. mit dem Satzanfang „Für mich persönlich ist ein Gebet ..." erfolgen. Dazu eignet sich das Live-Feedback-Tool Pingo (*http://trypingo.com/de/*).

## Mögliche Fallstricke und Tipps

- Die Schüler*innen sollen bei der Produktion viel experimentieren sowie unterschiedliche Versionen erproben und besprechen. Sie sollten dabei darauf achten, dass bei der visuellen Interpretation der Gebete auch provoziert werden darf. Es geht um eine jugendgemäße Darstellung.
- Wichtig ist, dass die Darstellung eine ganzheitliche Interpretation des Gebetes sein soll.
- Die Schüler*innen erstellen alternativ eine Gebetsstory auf Instagram oder eine digitale Collage mit ausgewählten oder selbst gemachten Fotos. Dazu nutzen die Schüler*innen ihre persönlichen Lieblings-Apps, z. B. Collage Foto Editor (Android) oder Foto Collagen (iOS).
- Besonders gut zum Visualisieren eignen sich die Psalmen (z. B. Psalm 23 „Der Herr ist mein Hirte").
- Beim Zusammentragen der Gebete könnten die Schüler*innen auch Menschen in ihrer Umgebung befragen und die Gebete auf dem webbasierten Kollaborationstool Flinga (*https://flinga.fi*) sammeln.

## Analoge Alternative

Die Schüler*innen sammeln Fotos aus Zeitschriften und erstellen eine Fotocollage zu einem Gebet.

## Beispiele und Infoseiten

- Einführung in das Tool Flinga:
  *https://ebildungslabor.de/blog/flinga/* 3
- Vaterunser, von der Rockband Oomph! in Szene gesetzt:
  *https://www.youtube.com/watch?v=FXkezM2wn7M* 4
- Vaterunser in Gebärden und Gesten:
  *https://www.youtube.com/watch?v=GCvFvgJRDfY* 5
- Tutorial zum Videoschnittprogramm KineMaster:
  *https://www.youtube.com/watch?v-YBi-w7lzE9o* 6

1

2

3

4

5

6

Doppelstunde

Einstieg / Erarbeitung

neue Perspektiven durch virtuelle Zugänge

## Beschreibung

Die digitale Technik macht es heute möglich, in virtuelle Welten einzutauchen. Dabei sind vor allem zwei Technologien umsetzbar: Augmented Reality-Anwendungen werden mit Smartphone oder Tablet bedient (z. B. Pokémon Go). Virtual Reality-Anwendungen benötigen eine spezielle Brille, die den*die Betrachter*in in eine komplett computergenerierte Welt führt. Da die meisten Schulen nicht über 360-Grad-Brillen verfügen, sollen die Schüler*innen über Smartphone bzw. Tablet einen Zugang zu religiösen Orten aus einer interessanten virtuellen Perspektive erhalten.

## Benötigte Materialien und technische Voraussetzungen

- Smartphone, Tablet, Notebook oder Computer mit Internetzugang pro Schüler*in, Zweierteam oder Kleingruppe
- ggf. VR-Brillen
- ggf. Google Account für die Lehrkraft

## Ablauf und Methode an einem konkreten Beispiel

- Setting: Die Schüler*innen sollen einen virtuellen Zugang zu religiösen Orten (Pilgerorten) der Weltreligionen erhalten. Dazu ist es zunächst wichtig, solche Orte (z. B. Tempelberg Jerusalem, Petersdom, Mekka, Ganges) und deren Bedeutung zu recherchieren. Meist sind das Orte, an denen aufgrund der Überlieferung ein bedeutendes religiöses Ereignis stattgefunden hat. Die Seite *https://www.religionen-entdecken.de/lexikon/heilige-orte* bietet hilfreiche Zugänge zur Thematik. 1
  Auch ein Kurzfilm erläutert das Thema anschaulich:
  *https://www.youtube.com/watch?v=pE5qlQ-QXmo* 2
- Die Schüler*innen sollen anschließend die Orte virtuell erkunden. Dazu werden unterschiedliche digitale Zugänge angeboten: Mit Google Earth werden die Orte zunächst gesucht und von oben betrachtet. Die Gebäude können herangezoomt und dann in Street View aus der 360-Grad-Perspektive erkundet werden.
- Mit Google Expeditions können spannende virtuelle Erkundungen durchgeführt werden. Die Lehrkraft muss sich zunächst mit einem eigenen Google Account anmelden. Neben persönlichen Expeditionen sind auch geleitete Führungen möglich, bei denen der*die Expeditionsleiter*in den Teilnehmer*innen auf ihren Geräten ausgesuchte Details präsentiert. Dazu müssen sich alle mit ihren Geräten in einem WLAN befinden.

## Mögliche Fallstricke und Tipps

- Das Erleben der virtuellen Welt kann unter Umständen sehr emotional sein. Daher sollten die Schüler*innen neben der fachlichen Auseinandersetzung auch die Möglichkeit zum Austausch über ihre emotionalen Erlebnisse haben.
- Mit der App Cardboard Camera (Android und iOS) kann ein 360-Grad-Panoramabild aufgenommen und mit Ton abgespeichert werden.

- Unterrichtsprojekte mit echten 360-Grad-Bildern lassen sich auch mit der App Google Street View durchführen. Mit deren Hilfe kann eine Umgebung virtuell auf Google Maps dargestellt werden.
- Mit 360-Grad-Kameras lassen sich wunderbare Aufnahmen herstellen, die direkt über WLAN auf ein Smartphone übertragen werden können.
- Leider sind die meisten Google Expeditionen auf Englisch. Dazu bietet sich dann ein fächerübergreifender Unterricht an. Manchmal ist es bereits sehr beeindruckend, nur die Bilder anzusehen und darin einzutauchen.

## Analoge Alternative

Natürlich gibt es auch eine Vielzahl an gut bebilderten Büchern, die die Betrachter*innen zu den heiligen Orten der Weltreligionen mitnehmen.

## Beispiele und Infoseiten

- Umfangreiche Beschreibungen und Anwendungsbeispiele:
  *https://padlet.com/strsa/ar* 3
- Internetseite zur Erstellung von eigenen virtuellen Reisen, Rundgängen und Storytelling:
  *https://stories360.org* 4
- Tipps zum Einsatz der App Photosynth (iOS, Android, Windows) im Unterricht zur Erstellung von 360-Grad-Panoramaaufnahmen:
  *http://www.medien-in-die-schule.de/werkzeugkaesten/werkzeugkasten-lernen-lehren-mit-apps/werkzeugportraits-apps-fuer-lehren-und-lernen/apps-im-portrait-panoramafotografie-mit-photosynth-photo-sphere/* 5
- App Sites in VR:
  *http://sitesinvr.com* 6
- Workshop: Glaube wird sichtbar! – Virtuelle Expeditionen:
  *https://medien-bildung-religion.de/2018/03/13/workshop-glaube-wird-sichtbar-virtuelle-expeditionen/* 7

1 2 3 4

5 6 7

Doppelstunde

Erarbeitung

virtueller Austausch

## Beschreibung

Die Schüler*innen nutzen die Plattform Twitter, um in einem Chat unterschiedliche Positionen auszutauschen. Twitter ist ein kostenloses soziales Netzwerk, auf dem angemeldete Nutzer*innen Kurznachrichten (Tweets) mit maximal 240 Zeichen senden können. In der eigenen Timeline werden alle Tweets der Nutzer*innen angezeigt, denen man folgt. Mithilfe der Hashtags (#) lassen sich alle Tweets finden, in denen das gewählte Hashtag vorkommt. Wenn einem ein Tweet gefällt, kann man auf ein Herz drücken oder man kann ihn mit oder ohne Kommentar retweeten. Nun bekommen alle Follower*innen diesen Tweet angezeigt. Es können auch Direktnachrichten versendet werden.
Bei einem Twitterchat kommen Nutzer*innen zu einem festgelegten Zeitpunkt und einem vereinbarten Hashtag zusammen, um ein Thema zu besprechen.

## Benötigte Materialien und technische Voraussetzungen

- Computer, Notebook, Tablet oder Smartphone mit Internetzugang pro Kleingruppe
- Twitter-Accounts

## Ablauf und Methode an einem konkreten Beispiel

- Setting: Das Thema des geplanten Twitterchats ist Religionskritik. An dem Chat nehmen Vertreter*innen unterschiedlicher Positionen teil (z. B. David Hume, Immanuel Kant, Ludwig Feuerbach, Karl Marx, Friedrich Nietzsche, Siegmund Freud, Richard Dawkins, Michael Schmidt-Salomon). Die entsprechenden Positionen wurden in vorausgehenden Unterrichtsstunden erarbeitet.
- Die Lehrkraft legt zunächst auf Twitter unterschiedliche Accounts an, die den jeweiligen Namen eines*einer Religionskritikers*Religionskritikerin tragen und einen Zusatz (z. B. den Namen der Schule). Das könnte dann so aussehen: @karlmarx_Heideschule.
- Die Lehrkraft erläutert, wie Twitter funktioniert.
- Es wird ein gemeinsames Hashtag festgelegt, mit dem alle Tweets gekennzeichnet werden (z. B. #relitalk).
- Im nächsten Schritt wird der Chat genau geplant mit Angabe von Zeit und Frage (z. B. 09:30 F1: Braucht der Mensch die Religion? 09:40: F2: Was halten Sie von der These „Der Mensch ist unheilbar religiös"?). Der*die Moderator*in übernimmt beim Chat die Aufgabe, die Fragen zum vereinbarten Zeitpunkt aufzurufen. Die Antwort wird mit einem A gekennzeichnet (also A1, A2 etc.). Es sollten nicht zu viele Fragen gestellt werden, da sonst der Zeitplan nicht funktioniert.
- Es werden Gruppen gebildet und der Chat wird durchgeführt, indem der*die Moderator*in die Teilnehmer*innen begrüßt und diese sich kurz vorstellen. Dann beginnt die Runde. Jede*r kann nicht nur Position zur gestellten Frage beziehen, sondern sollte auch auf Äußerungen reagieren.
- Zur Nachbesprechung wird ein Protokoll des Twitterchats erstellt. Das kann mithilfe einer Twitterwall umgesetzt werden. Dabei werden die Tweets in chronologischer Reihenfolge angezeigt (z. B. mit *http://twitwalls.com*).

## Mögliche Fallstricke und Tipps

- Beim Twitterchat wird eine hohe Schüler*innenaktivierung hergestellt, indem sich alle beteiligen.
- Da es sich um eine Art Schreibgespräch handelt, wird auch die Kommunikationskompetenz der Schüler*innen gefördert. Außerdem müssen sich die Schüler*innen durch das Zeichenlimit auf die wesentlichen Aussagen konzentrieren.
- Es ist darauf hinzuweisen, dass Twitter ein öffentlicher Kanal ist.
- Zwei Twitterchats für Lehrkräfte sind unter den Hashtags #relichat und #edchatDE zu finden.

## Analoge Alternative

Die analoge Form des Twitterchats kann ein Schreibgespräch sein, bei dem die Teilnehmenden ihre Positionen auf verschiedenen Fragepostern notieren.

## Materialhinweise, Beispiele und Infoseiten

- Wie funktioniert ein Twitterchat?: *http://jenslindstroem.de/2019/01/19/wie-funktioniert-ein-twitter-chat/* 1
- Einstieg in das Thema „Lehrervernetzung mit Twitter“: *http://jenslindstroem.de/2019/03/22/twitteralslehrerfortbildung/* 2
- Twitter in Schule und Unterricht: *https://www.lehrer-online.de/unterricht/sekundarstufen/geisteswissenschaften/politik-sowi/unterrichtseinheit/seite/ue/europafuermich-unterrichtsprojekt-zur-europawahl-2014/twitter-in-schule-und-unterricht/* 3
- Überblick zum Thema „Religionskritik“: *http://www.dober.de/religionskritik/* 4
- Ein Materialüberblick zum Thema „Religionskritik“ auf rpi virtuell: *https://material.rpi-virtuell.de/facettierte-suche/?fwp_suche=religionskritik* 5
- Ein Erklärvideo zur Religionskritik (Feuerbach, Marx, Freud, Dawkins): *https://www.youtube.com/watch?v=mrWrzpuBGRA* 6
- Tutorial zum Textchat-Tool auf Glitch als Alternative zu Twitter: *https://ebildungslabor.de/blog/textchat/* 7

1 2 3 4

5 6 7

mehrwöchige Projektarbeit

Erarbeitung / Präsentation

Simulation eines Chats zwischen biblischen Personen

## Beschreibung

Chat- bzw. Messengerprogramme wie WhatsApp beherrschen die alltägliche Kommunikation der meisten Jugendlichen und Kinder. Die Schüler*innen simulieren einen möglichen Chatverlauf zwischen zwei biblischen Figuren und stellen so die Kernaussage eines biblischen Textes dar. Der Chatverlauf wird als Video aufgezeichnet und kann so nach der Produktion angeschaut und reflektiert werden.

## Benötigte Materialien und technische Voraussetzungen

Smartphone mit vorinstallierter App, z. B. TextingStory oder Chat Story Maker (für iOS und Android), pro Kleingruppe

## Ablauf und Methode an einem konkreten Beispiel

- Setting: Die Schüler*innen unterhalten sich zunächst über ihre Chaterfahrungen mit WhatsApp: Wann nutze ich es? Mit wem stehe ich in Kontakt? Was ist typisch für einen Chatverlauf? Wie kann ich Emotionen ausdrücken? Unterhalte ich mich auch über ernsthaftere Themen? Wie ist die Situation in einem Gruppen-Chat?
- Die Lehrkraft erläutert die Aufgabe: Die Schüler*innen suchen sich in Kleingruppen eine biblische Geschichte bzw. eine markante biblische Situation aus. Sie lesen die Bibelstelle und beschreiben die Situation: Welche Personen sind beteiligt? Worum geht es in der Szene? Wie könnte ein eventueller Chatverlauf aussehen, um die Situation darzustellen?
- Die Schüler*innen skizzieren zunächst den inhaltlichen Ablauf eines Chats. Dazu erstellen sie ein Skript mit der Auswahl der beteiligten Personen und dem Ablauf der Kommunikation. Es sollte sich um ein Gespräch zwischen zwei beteiligten Personen handeln. Die Auswahl der möglichen Kandidaten ist groß: Kain und Abel, Der verlorene Sohn und sein Bruder, Adam und Eva, Gott und Noah, Maria und Josef etc.
- Um die Unterhaltung möglichst abwechslungsreich und spannend zu gestalten, bieten sich neben den Texten auch andere Medien an: Bilder, Videos, Smileys oder GIFs. Auch Verlinkungen auf externe Internetseiten können ganz neue Aspekte in die Situation einfließen lassen.
- Der Chatverlauf wird als Video aufgenommen und abgespeichert. Es besteht die Möglichkeit, das Chatprojekt im Nachhinein zu editieren und so Korrekturen und Ergänzungen vorzunehmen.
- Die fertigen Chatstorys werden von den Gruppen präsentiert und erläutert. Dabei kann es zu anregenden neuen Zugängen zur Welt der Bibel kommen.

## Mögliche Fallstricke und Tipps

- Im Idealfall gibt es kein fertiges Gesprächsskript, sondern die Teilnehmer*innen unterhalten sich live. Das bietet auch ganz neue Zugänge und Interpretationsmöglichkeiten zu dem ursprünglichen Bibeltext.
- Die Gruppen sollten genügend Zeit haben, um die biblische Geschichte zu diskutieren und Möglichkeiten der sprachlichen und medialen Umsetzung zu planen.

- Natürlich kann eine Chatstory auch mit der gängigen Chat-App WhatsApp durchgeführt werden, was jedoch aus Datenschutzgründen nicht in allen Bundesländern erlaubt ist.
- Auch die Geschwindigkeit des Chatverlaufs kann verändert werden.
- Bei Twitter findet sich unter dem Hashtag #JesuGeburt die Weihnachtsgeschichte nach Lukas.

## Analoge Alternative

Die biblische Konversation wird in einer analogen Form umgesetzt, indem zwei Schüler*innen auf einem Blatt Papier nacheinander ihre Texte schreiben und das Blatt hin- und herreichen.

## Beispiele und Infoseiten

- Die Weihnachtsgeschichte in den Onlinewelten von Social Media („Weihnachten 2013"): *https://vimeo.com/82154406* 1
- Das Original „If Jesus were born in times of Google, Facebook and Twitter" auf Englisch: *https://www.youtube.com/watch?v=8gFYzErcweg* 2
- Ausführliche Anleitung für die Produktion von Chatstorys (auch mit WhatsApp): *http://neumedier.de/ChatStory_NEUMEdIERde.pdf* 3

1 2 3

Doppelstunde

Erarbeitung

vernetztes, kollaboratives Lernen

## Beschreibung

Die Schüler*innen vernetzen sich digital und bearbeiten gemeinsam einen Arbeitsauftrag. Dabei können sie gleichzeitig auf das Dokument zugreifen und es bearbeiten. Es bietet sich eine Vielzahl an Werkzeugen an, mit denen die Schüler*innen im virtuellen Raum gemeinsam mit anderen schreiben und arbeiten können.

## Benötigte Materialien und technische Voraussetzungen

- Smartphone, Tablet, Notebook oder Computer mit Internetzugang pro Kleingruppe
- Tools für das kollaborative Arbeiten, z. B. *https://unserpad.de, https://board.net, https://etherpad.wikimedia.org, https://yopad.eu/, https://awwapp.com, https://onthesamepage.online/about*

## Ablauf und Methode an einem konkreten Beispiel

- Setting: Die Lehrkraft legt im ZUMpad (*https://zumpad.zum.de*) zunächst ein neues Pad mit einem Namen und einer Aufgabenstellung an. Es wird automatisch eine URL generiert, die an die Schüler*innen weitergegeben wird. So können alle, die den Link kennen, an dem Dokument arbeiten.
- Die Oberfläche ist überschaubar und enthält die bekannten Formatierungsmöglichkeiten (fett, kursiv, Farbe, Stil etc.). Die Chatfunktion ist hilfreich, um Rahmenbedingungen und Schreibprozessfragen zu klären. Wenn gewünscht, kann im Text farblich angezeigt werden, wer was geschrieben hat. Das Schreiben ist aber auch anonym möglich.
- Beispiel: Vorbereitung eines Rollenspiels zum Thema „Sterbehilfe“: Es werden mehrere Gruppen gebildet, die jeweils eine Rolle vorbereiten (z. B. Arzt*Ärztin, Hospizhelfer*in, Pfarrer*in, Angehörige*r, Jurist*in, Moderator*in).
- Die Lehrkraft legt für jede Rolle ein Etherpad an, auf dem die Aufgabenstellung formuliert ist: „Frau Müller liegt nach einem Autounfall, bei dem sie sich schwere Kopfverletzungen zugezogen hat, seit zehn Jahren im Wachkoma. Da es keine Patientenverfügung gibt, liegt die Entscheidung über das weitere Vorgehen bei den nahen Verwandten. Ihr Mann will, dass die lebenserhaltenden Maschinen abgestellt werden. Die Eltern von Frau Müller verweigern ihre Zustimmung. In einem Gespräch mit der Klinikleitung, zu dem andere Experten mit verschiedenen Standpunkten eingeladen sind, soll die Familie beraten werden. So sollen verschiedene Handlungsperspektiven eröffnet werden, um eine gemeinsame Entscheidung treffen zu können. Versetzt euch in die Rolle des ... und erarbeitet eine Rollenkarte, auf der die Position mit Argumenten umschrieben wird.“
- Die Schüler*innen erhalten den Zugangs-Link und sollen bis zur nächsten Unterrichtsstunde kollaborativ die Rollenkarte erarbeiten. Sie können ihre Eintragungen ortsunabhängig machen, wenn sie z. B. über ein Smartphone und eine Internetverbindung verfügen. Sie sammeln Argumente und Positionen, die sie in das Pad eintragen. Jedes Teammitglied kann die Texte ergänzen, bearbeiten und korrigieren. In der nächsten Unterrichtsstunde dient die Vorlage als Grundlage für die konkrete Vorbereitung einer Talkshow.
- Das Ergebnis des kollaborativen Schreibens kann als PDF-Datei exportiert werden.

## Mögliche Fallstricke und Tipps

- Die gemeinsame Textbearbeitung kann u. U. zu einem kreativen Chaos führen. Daher verlangt die kollaborative Textbearbeitung ein diszipliniertes Arbeiten, denn nur so können eine gute Struktur und Gliederung geschaffen werden. So ist es manchmal sinnvoll, dass eine Person gezielt etwa die Formatierung immer wieder verbessert.
- Der Vorteil des Etherpads ist, dass alle gleichzeitig und in Echtzeit einen Text erarbeiten können. So können z. B. auch Zusammenfassungen von Texten, Protokolle, Ideensammlungen, Pro- und Kontra-Argumente gemeinsam erstellt werden.

## Analoge Alternative

- Die bekannte Gruppenarbeit besteht darin, dass die Schüler*innen in einem Team eine Aufgabe oder ein Thema gemeinsam erarbeiten.
- Auf verschiedenen Plakaten werden Aufgaben gestellt. Die Schüler*innen unterhalten sich in einem Schreibgespräch auf unterschiedlichen Themenplakaten.

## Beispiele und Infoseiten

- Tutorial über das Anlegen eines Etherpads: *https://ivi-education.de/video/etherpad-erstellen-und-teilen/* 1
- Tutorial zum Brainstorming- und kollaborativen Mindmap-Tool Flinga: *https://ebildungslabor.de/blog/flinga/* 2
- Tutorial zum kooperativen Onlinelernen mit Oncoo: *https://www.youtube.com/watch?time_continue=12&v=qazwFyMabbs* 3
- Tutorial zu HackMD für Notizen und gemeinsames Schreiben sowie mit Präsentationsmodus: *https://www.youtube.com/watch?time_continue=13&v=krDHtbVhkhU* 4
- Werkzeugkasten kollaboratives Lernen im Internet: *http://www.medien-in-die-schule.de/wp-content/uploads/Medien_in_die_Schule-Werkzeugkasten_kollaboratives_Lernen.pdf* 5
- Zehn offene Tools zum kollaborativen Lernen: *https://ebildungslabor.de/blog/kollaborationstools/* 6

1 2 3 4

5 6

mehrwöchige Projektarbeit

Erarbeitung / Präsentation

Visualisieren und Interpretieren von Songtexten

## Beschreibung

In Musikvideos verdeutlichen Musiker*innen anschaulich die Botschaft eines Songs. Die Bildsprache bietet die Möglichkeit, Aussagen zu vertiefen oder Geschichten zu erzählen. In dem Projekt suchen sich die Schüler*innen einen Song mit einer lebensrelevanten Aussage (z. B. Menschsein, Glück, Sinn, Liebe, Angst, Zukunft, Tod, Leben). Mit Fotos und Videos produzieren sie ein Musikvideo und interpretieren den Song. So werden neue visuelle Zugänge zum Thema geschaffen.

## Benötigte Materialien und technische Voraussetzungen

- Computer, Notebook oder Tablet mit Videobearbeitungssoftware bzw. -app pro Kleingruppe
- Smartphone bzw. Kamera, Kopfhörer

## Ablauf und Methode an einem konkreten Beispiel

- Setting: Um in das Thema und die Methode einzuführen, schauen sich alle Schüler*innen einige Musikvideos an und erarbeiten gemeinsam, wie die Künstler*innen mit dem Video ihre Songtexte mit einer ganz neuen Perspektive verknüpfen. Dazu kann zunächst nur die Audioversion angehört und danach die visuelle Fassung betrachtet werden. Hierfür eignet sich z. B. „Der Weg" von Herbert Grönemeyer, „Aber" von Eko Fresh oder „Abschied" von den Ärzten.
- Die Lehrkraft erläutert das Projekt und die einzelnen Schritte. Alle Gruppen erhalten einen Projektplan, auf dem die einzelnen Schritte (Vorbereitungen, Arbeitsphase, Präsentation) und die zeitliche Vorgabe festgehalten sind.
- Die Schüler*innen bilden zunächst Kleingruppen, sammeln Ideen und machen Vorschläge zu Songs, die sie gerne bearbeiten möchten. Sie sichten die Beispiele, besprechen die Texte und wählen ein Lied aus. Es ist auch möglich, sich zunächst auf ein Thema zu einigen und anschließend einen passenden Song zu finden. Dazu gibt es im Internet einige Songtextsuchmaschinen: *https://www.songtexte.com, https://www.metrolyrics.com, https://www.lyricsfreak.com.*
- Die ausgewählten Liedtexte werden ausgedruckt, gelesen und besprochen. Es ist hilfreich, die Aussage des Songs in einem markanten Satz zusammenzufassen.
- Zur Herstellung eines Storyboards ist es sinnvoll, die im Text vorkommenden Bilder und Symbole (z. B. Liebe, Wut, Mensch, Suche) zu markieren. Anschließend werden Ideen für Bild- bzw. Videomotive entwickelt.
- Es beginnt der kreative Prozess, in dem eigene Fotos und Videos produziert werden. Dazu bieten die Smartphones und Tablets gute technische Möglichkeiten.
- Nachdem die Produktionsphase abgeschlossen ist, einigen sich die Gruppen auf ein Videoschnittprogramm (z. B. iMovie (iOS) oder den Windows Movie Maker). Dabei ist eine Einarbeitungsphase sinnvoll und wichtig (siehe „Beispiele und Informationen").
- Zunächst muss die Audiospur des Songs gesucht, evtl. konvertiert und eingefügt werden. Die Bilder und Videos werden darüber an den passenden Stellen angeordnet. Dazu müssen sie z. T. bearbeitet werden. Das fertige Musikvideo wird in einem gängigen Format exportiert, damit die Präsentation auf den zur Verfügung stehenden Abspielgeräten möglich ist.

- Alle Gruppen präsentieren ihre Musikvideos. Dazu geben sie eine Einführung in das ausgesuchte Thema und den filmischen Schwerpunkt. Der vorgestellte Film wird anschließend besprochen.
- Die Beurteilung erfolgt nach vorgegebenen Kriterien:
  Methodisch: Wie wurde der Film gestaltet (Bilder, Musik, Übergänge, Bearbeitung, Komposition etc.)?
  Fachlich / inhaltlich: Wie hat sich die Gruppe mit dem Thema auseinandergesetzt? Wurde die Aussage von Text und Musik durch die ausgewählten Bilder gut umgesetzt?
- Am Ende schreibt jede*r Schüler*in einen Fach- und Erfahrungsbericht, der benotet wird.

## Mögliche Fallstricke und Tipps

- Es ist wichtig, dass der ausgewählte Song eine thematische Tiefe aufweist, sodass sich die Schüler*innen mit ihm kreativ auseinandersetzen können.
- Spannend wäre auch, wenn alle Schüler*innen denselben Song bearbeiten, um so ganz unterschiedliche Zugänge und Interpretationen zu gewinnen.
- Es sollte besonders kreativen Gruppen möglich sein, eigene Musik und Texte zu produzieren.
- Bitte beachten: Der kreative Bearbeitungsprozess nimmt einige Zeit in Anspruch!
- Um die Bearbeitungsphase zu beschleunigen, können sich einzelne Schüler*innen während der Bild- und Videoproduktion bereits mit dem Bearbeitungsprogramm beschäftigen.
- Bei der Arbeit mit Medien ist immer auf die Urheber*innenrechte zu achten. So können manche fertigen Musikvideos nicht online präsentiert werden, sondern nur klassenintern.

## Analoge Alternative

Die Schüler*innen gehen die beschriebenen Schritte in der Auseinandersetzung mit einem Song. Anschließend stellen sie ihre Interpretation in Form einer Pantomime oder eines Tanzes dar.

## Beispiele und Infoseiten

- iMovie-Tutorial:
  *https://www.youtube.com/watch?v=_VwSvuH1XfA* 1
- Windows Movie Maker-Tutorial:
  *https://www.youtube.com/watch?v=fdB4-mzx8xQ* 2
- Informationen zu gängigen Videoformaten und Konvertierungsprogrammen:
  *https://filmpuls.info/videoformate/* 3
- Lizenzfreie Bilder und Videos aus dem Internet:
  - Bilder für Schulprojekte finden:
    *https://www.arminhanisch.de/2018/10/bilder-finden/* 4
  - Bildersuchmaschine von Creative Commons:
    *https://t3n.de/news/creative-commons-die-nonprofit-organisation-veroeffentlicht-eine-neue-suchmaschine-1160008/amp/* 5

1 2 3 4 5

mehrwöchige Projektarbeit

Erarbeitung / Präsentation

gemeinsam einen Hip-Hop-Song produzieren

## Beschreibung

Die Schüler*innen produzieren eigene Beats und schreiben dazu Texte.

## Benötigte Materialien und technische Voraussetzungen

- Smartphone oder Tablet mit Kopfhörer pro Kleingruppe
- ausgewählte Musik-Apps, z. B. GarageBand oder iMaschine (iOS), Hip Hop Drum Pads 24, Hip Hop Pads, Hip-Hop Producer Pads, Hip Hop DJ Beat Maker oder SPC – Musik Drum Pad (Android) oder Bandlab (iOS, Android)

## Ablauf und Methode an einem konkreten Beispiel

- Setting: Musik spielt in der Lebenswelt der Jugendlichen eine wichtige Rolle. Dabei änderten sich in den vergangenen Jahrzehnten vor allem durch die technische und digitale Weiterentwicklung der Medien die Möglichkeiten, Musik zu konsumieren und zu produzieren. Es entwickelt sich ein Unterrichtsgespräch dazu (Stichworte: Tonband, Radio, Schallplatten, Kassetten, Walkman, Discman, CD, Spotify etc.). Dabei ist Musik ein Medium, um sich z. B. mit einem Thema auseinanderzusetzen, Emotionen auszudrücken oder zur Unterhaltung. Die Lehrkraft spricht mit den Schüler*innen über die Bedeutung von Musik in ihrem Leben.
  Siehe hierzu auch:
  *https://www.fundgrube-religionsunterricht.de/fileadmin/thoemmes/Musik/AB_1-3_Musik.pdf* 1
- Vor allem der Hip-Hop hat hierbei durch die technischen und digitalen Möglichkeiten der Musikproduktion und durch den Sprechgesang neue Akzente gesetzt.
- Auch für Nichtmusiker*innen bietet die digitale Welt viele ansprechende Möglichkeiten, Musik zu produzieren und somit auch ein musikalisches Handlungsprodukt zu erstellen.
- Im Religionsunterricht erhalten die Schüler*innen die Chance, sich und ihr Lebensgefühl mithilfe von Rhythmen, Melodien und Texten auszudrücken.
- Die Projektidee: Wir produzieren gemeinsam einen Hip-Hop zu einem persönlichen (Glück, Zukunft, Angst u. a.) oder biblischen Thema. Dazu werden zwei Arbeitsgruppen gebildet:
- 1. Beatgruppe: Die Schüler*innen experimentieren zunächst mit zwei Apps: Drum Pad Machine oder Remixlive (iOS, Android). Dabei handelt es sich um einfach zu bedienende virtuelle Sampler- und Drummaschinen. Mithilfe des Baukastensystems können mit fertigen Loops und Samples Sounds gemischt sowie eigene Beats kreiert und aufgenommen werden. Das kollaborative Produzieren eines Beats ist das Ziel dieser Projektgruppe.
  2. Textgruppe: Diese Gruppe beschäftigt sich mit den Lyrics. Dazu kann es sinnvoll sein, sich gemeinsam einige Titel anzuhören und den für Hip-Hop typischen Sprechgesang einzuüben. Ein Online-Reimlexikon (*http://2rhyme.ch*) kann hilfreich sein.
- Immer wieder gibt es ein gemeinsames Treffen der beiden Gruppen und ein Anpassen von Musik und Text, bis der Titel fertiggestellt ist. Dabei können zwei Projektmanager*innen eine gute Arbeitsstruktur fördern.

Bei der Endproduktion dient der fertige Beat als Grundlage. Er wird zunächst in Audacity (*https://www.audacity.de*) oder GarageBand (*https://www.apple.com/de/ios/garageband/*) importiert. In eine zweite Spur wird der Sprechgesang gelegt. Die Feinarbeiten können einzelne technisch begabte Schüler*innen übernehmen.
- Die Schüler*innen präsentieren ihren fertigen Hip-Hop-Song der Schulgemeinschaft.

## Mögliche Fallstricke und Tipps

- Trotz der unüberschaubaren Vielzahl an Apps zum Musikmachen ist es sinnvoll, sich auf ein Tool zu einigen. In der Experimentierphase können die Schüler*innen selbst im App-Store recherchieren und ausprobieren.
- Die Musik-Apps bieten ein unerschöpfliches Experimentierfeld auch für Schüler*innen, die sich selbst für nicht musikalisch halten. Durch das Drücken unterschiedlicher Knöpfe können die Sounds angehört und gemischt werden.
- Vor der endgültigen Aufnahme des Sprechgesangs sollte viel geübt werden.
- Evtl. verfügt die Schule auch über professionelle Werkzeuge (Cubase, Logic Pro). Eine Nachfrage bei den Musiklehrenden der Schule ist sinnvoll.

## Analoge Alternative

Eine ansprechende Möglichkeit zur analogen Produktion von Beats ist der Einsatz von Körperinstrumenten (Klatschen, Schnipsen, Stampfen etc.). Auch hier wäre eine Kooperation mit dem Musikunterricht hilfreich.

## Beispiel

Incredibox, in der mithilfe von virtuellen Beatboxern mit unterschiedlichen Musikstilen experimentiert werden kann:
*https://www.incredibox.com* 2

1

2

mehrere Doppelstunden

Erarbeitung / Präsentation

Produktion einer Radiosendung

## Beschreibung

Nach einer Einführung in eine Themenreihe setzen sich die Schüler*innen mit unterschiedlichen Themen und Fragestellungen auseinander. Die Ergebnisse der Erarbeitungsphase sollen in einer Radiosendung präsentiert werden. Dazu entwickeln sie kurze Features, Interviews, Reportagen, Kommentare, Umfragen, Musik oder Nachrichten. Für die Produktion werden entsprechende Audio-Apps genutzt.

## Benötigte Materialien und technische Voraussetzungen

- Tablet, Smartphone oder Computer pro Kleingruppe
- Mikrofon pro Kleingruppe
- kostenloses Tonstudio Audacity (*https://www.audacity.de*)

## Ablauf und Methode an einem konkreten Beispiel

- Setting: Im Rahmen des Religionsunterrichts werden immer wieder spannende aktuelle Themen behandelt (Gentechnik, Sterbehilfe, Dilemmasituationen, Seenotrettung, Genmanipulation usw.). Bei diesem Projekt sollen die thematischen Erkenntnisse in Form einer Radiosendung am Ende der Erarbeitungsphase präsentiert werden.
- Zu Beginn wird zunächst eine Redaktionskonferenz einberufen. Mitglieder sind unterschiedliche Teams, die verschiedene Themengebiete und Fragestellungen recherchieren sollen. Eine Chefredaktion koordiniert die Arbeit.
- Die einzelnen Teams setzen sich intensiv mit ihrem Thema auseinander. Dazu recherchieren und diskutieren sie.
- Am Ende der Recherchearbeit legen sie fest, in welchem Format ihr Radiobeitrag entstehen soll (Feature, Interview, Reportage, Kommentar, Umfrage oder Nachrichten).
- In einer erneuten Redaktionskonferenz wird die Reihenfolge der Beiträge festgelegt.
- Jede Gruppe hat die Aufgabe, ihren fertigen Beitrag auf dem Smartphone aufzunehmen und die fertige wav- oder MP3-Datei an das Tonstudio-Team zu schicken.
- Das Tonstudio-Team setzt sich während der Erarbeitungsphase der anderen Gruppen intensiv mit der Technik des Aufnehmens und des Editierens auseinander (siehe „Beispiele und Infoseiten").
- Die Teams erstellen für das Technik-Team ein Skript, auf dem der Aufnahmetext und mögliche Einspieler, Geräusche, Pausen oder Soundeffekte vermerkt sind.
- Die Gesamtproduktion der Sendung kann natürlich einige Zeit in Anspruch nehmen, wobei die entsprechenden Schüler*innen auch bereit sein sollten, außerhalb der Unterrichtszeit an dem Projekt weiterzuarbeiten.
- Während der Produktion hat das Team ständigen Kontakt zur Chefredaktion. Unklarheiten und Fragen werden mit dem jeweiligen Team geklärt.
- Die Präsentation der fertigen Sendung erfolgt im Klassenplenum. Am Ende der Präsentation stehen die einzelnen Themen-Teams für Rückfragen bereit.
- Zur Wiederholung und thematischen Vertiefung kann die Religionssendung in einer Cloud abgespeichert werden.

## Mögliche Fallstricke und Tipps

- Für Tonaufnahmen auf dem Smartphone gibt es eine Vielzahl an Aufnahme-Apps, z. B. Voice Record Pro und AVR PRO (iOS) oder Voice Recorder und Smart Recorder (Android).
- Die Teams sollten die Texte vor der eigentlichen Sprachaufnahme gut üben und dabei vor allem auf eine deutliche Aussprache achten.
- Als Alternative zu Audacity bietet sich auf den iPads GarageBand (iOS) an, das viele komfortable Möglichkeiten der Audioproduktion enthält.
- Ein kleines Team könnte die Aufgabe der Musikredaktion übernehmen, die eine Erkennungsmelodie (Jingle), Sounds und Effekte sowie einen thematischen Musiktitel auswählt.
- Das Reliradio könnte in der Schule zu einem festen Format werden, das in Auszügen auch in Pausen der gesamten Schulgemeinschaft präsentiert werden könnte.

## Analoge Alternative

Statt die komplette Sendung in dem digitalen Tonstudio zu produzieren, könnte sie auch live übertragen werden. Dies bedarf jedoch einer komplett anderen Planung.

## Beispiele und Infoseiten

- Kurze Einführung zu den Grundfunktionen von Audacity: *https://www.youtube.com/watch?v=tOWM3gGE_OQ* 1
- Geräusche und Musik zum Herunterladen: *http://www.auditorix.de/kinder/* 2
- Soundarchiv der BBC über 16.000 Soundeffekte, für Bildungszwecke kostenlos nutzbar: *http://bbcsfx.acropolis.org.uk* 3
- Hilfreiche Tipps für Radiomacher*innen: *https://www.radio-machen.de/2019/03/03/die-kleine-radio-schule/* 4
- Kurze Einführung zur iOS-App Voice Record Pro: *https://www.youtube.com/watch?v=6li2eVFqrWE&feature=youtu.be* 5
- Einführung zur App SoundCloud: *https://www.medien-in-die-schule.de/werkzeugkaesten/werkzeugkasten-lernen-lehren-mit-apps/werkzeugportraits-apps-fuer-lehren-und-lernen/apps-im-portrait-soundcloud/* 6

1 2 3 4

5 6

2 Doppelstunden

Ergebnissicherung / Wiederholung

kreative Wiederholung eines Themas

## Beschreibung

Die Schüler*innen nutzen unterschiedliche Online-Werkzeuge, um ihr Wissen zu vertiefen und Erlerntes zu wiederholen. Dazu entwickeln sie selbst Kreuzworträtsel, Suchsel und Lückentexte mithilfe digitaler Online-Werkzeuge.

## Benötigte Materialien und technische Voraussetzungen

- Computer mit Internetzugang pro Kleingruppe
- Drucker

## Ablauf und Methode an einem konkreten Beispiel

- Setting: Die Schüler*innen lernen zunächst die drei Generatoren für Lückentexte, Kreuzworträtsel und Suchsel kennen und üben die Handhabung.
- Lückentext: Er besteht aus einem Text, in dem Buchstaben, Silben, Wörter oder Satzteile ausgelassen werden. Die fehlenden Teile sollen ergänzt werden. Mithilfe eines Lückentextgenerators (z. B. *https://www.quizdidaktik.de/lueckedit/index.html*) können solche Texte einfach erzeugt werden. Dabei bietet sich auch die Möglichkeit, differenziert zu arbeiten, indem die fehlenden Teile erraten oder in einer Liste vorgegeben werden.
- Kreuzworträtsel: Es wird unter *https://www.schulraetsel.de* oder *https://www.xwords-generator.de/de* digital gestaltet, indem nach dem Eintragen der Überschrift bzw. des Themas zunächst der Arbeitsauftrag formuliert wird (z. B. „Löse das Kreuzworträtsel und vergleiche deine Antworten mit dem Lösungsblatt.“). Anschließend werden die Fragen formuliert und die Antworten bzw. Lösungen eingetragen. Als Schwierigkeitsgrad kann zwischen leicht, mittel und schwer ausgewählt werden. Entsprechend häufig oder gering sind die vorgegebenen Buchstaben im Rätselfeld. Es können zusätzliche Felder hinzugefügt werden. In der Vorschau kann das Layout des Kreuzworträtsels in unterschiedlichen Formaten generiert werden. Das fertige Rätsel kann als PDF heruntergeladen werden.
- Suchsel: Andere Begriffe für die Methode sind Buchstabensalat, Wortgitter oder Wortsuchrätsel. Auf der Onlineseite *https://www.suchsel.net* können Suchsel generiert werden. Auch hier werden zunächst Titel und Arbeitsauftrag eingetragen. Anschließend werden Breite und Höhe (Anzahl der Buchstaben) festgelegt und die zu suchenden Wörter eingetragen. Auch der Schwierigkeitsgrad kann verändert werden (von links nach rechts, von rechts nach links, von oben nach unten, von unten nach oben, diagonal, diagonal rückwärts). Dabei kann in der Voreinstellung auch festgelegt werden, ob sich die Wörter kreuzen dürfen, versteckte Wörter auf das Rätselblatt gedruckt werden usw.). Am Ende der Bearbeitung kann das Suchsel generiert und als PDF ausgedruckt werden.
- Es werden mehrere Gruppen gebildet, die Übungsblätter herstellen, in denen das Erlernte der letzten Stunden verarbeitet wird. Die fertigen Produkte werden ausgedruckt und die Schüler*innen können sich ein Arbeitsblatt auswählen und ausfüllen. Die Arbeitsblätter werden ausgetauscht und korrigiert. Die Übung kann über mehrere Runden erfolgen.

## Mögliche Fallstricke und Tipps

- Da nicht alle Schüler*innen über das notwendige Grundwissen in der Handhabung digitaler Werkzeuge verfügen, ist es sinnvoll, eine Einführung für die gesamte Klasse zu machen.
- Auch bei dieser spielerischen und kreativen Form der Wiederholung wäre es sinnvoll, über die Möglichkeit eines Leistungsnachweises nachzudenken. Dabei ist es ratsam, dass die Schüler*innen nicht nur die Aufgaben entwerfen, sondern auch die Beurteilungskriterien (mithilfe der Lehrperson) festlegen.

## Analoge Alternative

Natürlich können alle drei Möglichkeiten auch handschriftlich entworfen werden, was jedoch einige Zeit in Anspruch nehmen wird. Daher ist es empfehlenswert, die Übungsblätter zu Hause anzufertigen und in der Schule auszufüllen.

## Beispiele

- Anleitung zum Lückentext-Generator:
  *http://pohl-neidhoefer.de/der-lueckentext-generator* 1
- Beispielseite mit einem Kreuzworträtsel zum Thema „Hinduismus“:
  *https://www.schulraetsel.de/raetsel_hinduismus_35645.html* 2
- Beispielseite für ein Suchsel zum Thema „Pfingsten“:
  *https://www.suchsel.net/suchsel_60130.html* 3
- Sehr komfortable Suchselmaschine:
  *http://suchsel.bastelmaschine.de* 4

1 2 3 4

2 Doppelstunden

Wiederholung / Vertiefung

Wissen selbst verarbeiten

## Beschreibung

Learning Snacks (*https://www.learningsnacks.de*) sind selbst erstellte interaktive Lerneinheiten bzw. Lernhäppchen im Chat-Format. Dabei können auf der Onlineplattform Wissensfragen eingegeben und Antwortmöglichkeiten definiert werden. So arbeiten sich die Schüler*innen schrittweise in ein Thema ein. Dabei können Textfelder, Verlinkungen zu YouTube, Multiple-Choice-Fragen, Bilder und Videos eingefügt werden. Die Schüler*innen erstellen einen Learning Snack, um das bereits erarbeitete Thema zu wiederholen und zu vertiefen.

## Benötigte Materialien und technische Voraussetzungen

Smartphone oder Tablet mit Internetzugang pro Schüler*in / Kleingruppe

## Ablauf und Methode an einem konkreten Beispiel

- Setting: Die Lehrkraft legt bei Learning Snacks ein kostenloses Konto an.
- Die Schüler*innen erhalten zunächst eine grundlegende Einführung in das Herstellen eines Snacks.
- Es werden Arbeitsgruppen gebildet und es wird festgelegt, welche Themen von den einzelnen Teams aufgearbeitet werden, z. B. die neutestamentlichen Bücher, Leben Jesu, Konfliktbewältigung, Werte, Glück.
- Die Schüler*innen erstellen zunächst ein Konzept, in dem die Abfolge strukturiert wird. Sie bearbeiten die Lerninhalte und setzen sie um mit Testen, Multiple-Choice-Fragen, Videos, Bildern und Links, die das Thema vertiefen.
- Motivierend sind ein guter Einstieg und eine Rückmeldung auf die Antworten („Deine Antwort ist leider falsch. Versuche es noch einmal." oder „Das hast du gut gemacht.").
- Die fertigen Snacks werden online gespeichert und sind über einen Link oder einen QR-Code abrufbar.
- Alle Schüler*innen haben Zugang zu den einzelnen Snacks und können so ihr Wissen vertiefen oder sogar weiterentwickeln.

## Mögliche Fallstricke und Tipps

- Learning Snacks ist browserbasiert und somit auf allen Geräten zugänglich. Die Lernplattform ist kostenlos, man muss sich lediglich registrieren.
- Die Aufmachung erinnert ein wenig an WhatsApp, sodass die Schüler*innen schnell einen guten Zugang erhalten.
- Die Einsatzmöglichkeiten von Learning Snacks sind sehr vielfältig: Wiederholung und Vertiefung von erlerntem Wissen oder auch Erarbeitung von neuen Inhalten.
- Für die Schüler*innen sind die Snacks überall abrufbar, das vereinfacht z. B. die Vorbereitung auf eine Überprüfung. Das mobile Lernen auf spielerische Art kann sehr motivierend wirken.
- Es findet sich im Internet eine Vielzahl an fertigen Snacks, die z. B. auch bei der Einführung in ein Thema hilfreich sein können.
- Die Lehrkraft kann eigene Snacks kreieren, um so differenzierte Zugänge zu verschaffen.

## Analoge Alternative

Eine effektive Form der Wiederholung ist das Anlegen einer Kartei mit Fragen (Vorderseite) und Antworten (Rückseite).

## Beispiele und Infoseiten

- Snacks zum Thema „Bibel“:
  *https://www.learningsnacks.de/#/welcome?channel=Learning%20Snacks&filter&q=Bibel* 1
- Snack zu den Heiligen Drei Königen:
  *https://www.learningsnacks.de/share/7198/* 2
- Screencast-Video zur Erstellung von eigenen Snacks:
  *https://ivi-education.de/video/lern-snack-erstellen-ueber-learningsnacks-de/* 3

1 2 3

mehrwöchige Projektarbeit

Erarbeitung / Präsentation

spielerische Wiederholung und Vertiefung eines Themenbereiches

## Beschreibung

Die Schüler*innen nutzen die digitale Plattform LearningApps (*https://learningapps.org*) zur Bearbeitung eines Projektes im Rahmen des Religionsunterrichts. Sie erstellen kleine interaktive Lernbausteine (Apps), um am Ende einer Unterrichtsreihe das Thema zu vertiefen und evtl. zu erweitern.

## Benötigte Materialien und technische Voraussetzungen

- Smartphone, Tablet, Notebook oder Computer mit Internetzugang pro Schüler*in / Kleingruppe
- Konto bei LearningApps für die Lehrkraft
- Accounts bei LearningApps für die Schüler*innen

## Ablauf und Methode an einem konkreten Beispiel

- Setting: Die Lehrkraft erstellt ein Konto und Accounts für die Lerngruppe (siehe „Beispiele und Infoseiten").
- LearningApps bietet eine Vielzahl an digitalen Werkzeugen (Apps): Zuordnungsübung, Multiple-Choice-Test, Kreuzworträtsel, Zeitleiste, Mindmap, Wissensquiz usw. Medienformate wie Texte, Bilder, Videos oder Audios können eingebunden werden. Die Schüler*innen können selbst bestehende Apps finden (Apps durchstöbern) und für die eigene Arbeit nutzen (Apps erstellen).
- Die Schüler*innen erhalten zunächst eine Einführung in das Werkzeug mit Beispielen, die die Handhabung praxisnah erläutern. Dazu sollen sie alle Beispiele zur „Kategorie Religion" durchstöbern. Die Lehrkraft zeigt unterschiedliche Beispiele mit verschiedenen Formaten. Dabei wird sofort ersichtlich, dass die fertigen Apps genutzt werden können, um eigene Apps zu erstellen („ähnliche App erstellen").
- Es werden Arbeitsgruppen gebildet, die zunächst das Thema der aktuellen Unterrichtsreihe nochmals in einer Mindmap visualisieren. Dazu können z. B. die Seite Mind-Map-online.de (*https://mind-map-online.de*) oder mindmaps (*https://www.mindmaps.app*) genutzt werden.
- Die Gruppe überlegt, welches Themengebiet sie bearbeiten will oder ob die gesamte Reihe genutzt wird. Zunächst wird auf LearningApps gesucht, ob das Thema bereits behandelt wurde bzw. welche Lernbausteine zur Bearbeitung des Themas genutzt werden. Die Schüler*innen erstellen eigene thematische Lernspiele.
- Die fertigen Lernspiele werden geteilt. Die Gruppen stellen ihre Ergebnisse online, sodass alle Mitschüler*innen die Tools nutzen können, um das Thema zu wiederholen oder zu vertiefen. Dabei können die einzelnen Lernspiele als Links oder QR-Codes ausgedruckt werden, was den Zugang einfacher gestaltet.

## Mögliche Fallstricke und Tipps

- Der große Vorteil von LeaningApps ist, dass es kostenlos ist und es keine Probleme mit dem Datenschutz gibt. Die Schüler*innen können die Werkzeuge anonym nutzen. Es handelt sich also um eine sichere Lernumgebung.

- Die Plattform hat eine übersichtliche Struktur, sodass die Schüler*innen mit ein wenig Übung schnell zurechtkommen.
- Die Apps stellen keine fertigen Lerneinheiten dar, sondern müssen in den Lernprozess eingebettet werden.
- Die Lehrkraft kann die Methode noch weiter gestalten, indem sie eine digitale Klasse anlegt, in der die erstellten Lernbausteine verwaltet werden. Die Klasse kann mithilfe von Tools wie Chat und Pinnwand miteinander kommunizieren.
- Da das Werkzeug onlinegestützt ist, kann es von den Schüler*innen auch zu Hause genutzt werden.
- Von der Lehrkraft selbst erstellte und an die Lerngruppe angepasste Apps eignen sich gut zum Einstieg in ein neues Thema.
- Im Idealfall kann im Laufe der Zeit eine umfangreiche Sammlung an Apps entstehen, auf die auch andere Klassen zugreifen können.

## Analoge Alternative

Die Schüler*innen erstellen analoge Lernspiele, wie z. B. Zuordnungsaufgaben, Lückentexte oder Kreuzworträtsel.

## Beispiele und Infoseiten

- Anleitung zur Einrichtung eines virtuellen Klassenraums:
  *https://www.youtube.com/watch?v=96pngDggo4Q* 1
- Kurzer Einstieg und erste Schritte auf LearningApps:
  *https://www.youtube.com/watch?time_continue=9&v=5ROqJDx2ybc* 2
- Video-Tutorial „Wir basteln einen Lernbaustein":
  *https://www.youtube.com/watch?v=hl5Vz1EBn3g* 3
- Video über die Erstellung von Lernspielen („Millionenspiel"):
  *https://www.tu-braunschweig.de/lehreundmedienbildung/unser-angebot/medien-und-infrastruktur/tools-fuer-die-lehrgestaltung/game-based-learning#c276793* 4
- Fertige LearningApps für den Religionsunterricht:
  *https://www.mikula-kurt.net/spiele/reli-learning-apps/* 5

1 2 3 4 5

Doppelstunde

Erarbeitung / Präsentation

spielend lernen

## Beschreibung

Mit Gamification wird der Einsatz spielerischer Elemente in einer ursprünglichen spielfreien Umgebung bezeichnet. Neben der Motivation können die Spiele im Unterricht auch das Lernen unterstützen. Dabei bietet Gamification viele kreative Möglichkeiten. Die Schüler*innen entwickeln und nutzen diese, um ein Thema zu vertiefen und zu wiederholen. Dazu erstellen sie in Gruppenarbeit eigene Spiele, die andere Gruppen ausprobieren.

## Benötigte Materialien und technische Voraussetzungen

- Smartphone, Tablet, Notebook oder Computer mit Internetzugang pro Schüler*in
- Beamer
- ggf. Account für die Lehrkraft

## Ablauf und Methode an einem konkreten Beispiel

- Besonders beliebt bei Schüler*innen sind die unterschiedlichen digitalen Quiztools, wobei die Schüler*innen selbst aktiv werden bei der konkreten Gestaltung.
- Die Lehrkraft legt bei Kahoot (*https://create.kahoot.it*) einen eigenen Account zum Gestalten und Starten des Quiz an. Mit Kahoot kann man mit der ganzen Klasse live das Quiz spielen. Dazu geben alle Beteiligten einen Code ein. Nach jeder Frage kann jede*r innerhalb einer festgelegten Zeit eine Antwort auswählen. Es gibt eine direkte Rückmeldung über richtige und falsche Antworten und darüber, wer die höchste Punktzahl hat. Neben dem Entscheidungsspiel werden auch noch ein Zuordnungs- oder Umfragespiel angeboten. Es ist auch möglich, als Einstieg ein Video einzubauen.
- Quizlet (*https://quizlet.com/de*) eignet sich gut zum Lernen von Begriffen und Daten. Dazu legt man ein Lernset an. Unterschiedliche Übungs- und Abfrageformate sind möglich (Karteikarten, Abfrage durch Antworten, Schreibefunktion, Testformat in unterschiedlichen Formaten, Zuordnungsspiel, Schwerkraftspiel, Quizlet live).
- Mithilfe von Minecraft (*https://www.minecraft.net/de-de/*) inszenieren die Schüler*innen biblische Welten und Szenen.
- Bei Plickers (*https://get.plickers.com*) werden Fragen entwickelt und auf Karten ausgedruckt. Die Fragen werden via Beamer oder Smartboard für alle sichtbar gemacht. Die Schüler*innen können mithilfe von QR-Code-Karten ihre Antwort hochhalten. Die Lehrkraft scannt mithilfe der Plickers-App die Antworten ein und jede*r Schüler*in sieht, ob er*sie richtig oder falsch geantwortet hat.
- Classcraft (*https://www.classcraft.com/de/*) ist wie ein Spiel aufgebaut und will die Schüler*innen vor allem zur Mitarbeit und Teamarbeit motivieren. Die Schüler*innen finden sich zu Gruppen zusammen und wählen zwischen unterschiedlichen Charakteren (Krieger*innen, Magier*innen, Priester*innen). Dabei sammeln sie Erfahrungspunkte und erhalten Belohnungen (z. B. Hausaufgabengutscheine).
- Learning Snacks (*https://www.learningsnacks.de*) werden erstellt und können hilfreich sein bei der spielerischen Erkundung von Kirchen, Museen, Synagogen oder Ausstellungen.
- LearningApps (*https://learningapps.org*) unterstützt Lehr- und Lernprozesse. Dabei werden Lerninhalte in interaktive, multimediale Bausteine gepackt.

- In dem Online-Spiel Last Exit Flucht (*https://www.kiknet-unhcr.org/lernspiel/*) begleiten die Schüler*innen den Weg eines Jugendlichen auf der Flucht aus seiner Heimat in ein neues Land.
- Wer wird Biblionär? (*https://biblionaer.sv-ec.de/jquiz.html*)
- Reformation 2.0 (*http://reformationzweinull.de*)

## Mögliche Fallstricke und Tipps

- Am effektivsten ist es, wenn die Schüler*innen eigene Quizformate anlegen.
- Bei den digitalen Spielformaten ist es wichtig, dass alle Mitspieler*innen die Spielregeln kennen. Daher ist eine Einführungs- und Übungsphase sinnvoll.

## Analoge Alternative

Es gibt eine Vielzahl an analogen Spielmöglichkeiten (Kennenlernspiele, Spiele zur Aktivierung und Motivation, Lernspiele, Kommunikationsspiele etc.).

## Beispiele und Infoseiten

- Überblick zum Thema „Gamification“:
  *https://www.betzold.de/blog/gamification/* 1
- Anschauliche Schritt-für-Schritt-Einführung für Kahoot:
  *https://www.youtube.com/watch?v=Qkf8vy1P0g8&feature=youtu.be* 2
- Quizlet-Beispiele:
  *https://quizlet.com/subject/religion/* 3
- Einführende Einleitung zu Plickers:
  *http://unterricht-digital.info/plickers/* 4
- Informationen zur Einrichtung von Classcraft und grundlegende Spieleinstellungen:
  *https://www.youtube.com/watch?v=IeKHNVzmeVc* 5
- Ausführlicher Einstieg in LearningApps mit ersten Schritten:
  *https://www.youtube.com/watch?time_continue=128&v=5ROqJDx2ybc* 6
- Beispiel einer Minecraft-Inszenierung der Pfingstgeschichte:
  *https://www.youtube.com/watch?v=UsBSlUkIUAI* 7

1 2 3 4

5 6 7